風狂のうたびと
バウルの文化人類学的研究

風狂のうたびと

バウルの文化人類学的研究

村瀬 智 著

東海大学出版部

写真1　門口でマドゥコリをする「10ルピー・バウル」 1987年10月、ビルブム県S村にて撮影。

写真2　美術学部で演奏する「グラメール・バウル」　着用しているパッチワークの衣装「グドゥリ」は、美術学部のファンから贈られた。1988年12月、シャンティニケータンにて撮影。

写真3　入門式（ディッカ）　弟子となった「10ルピー・バウル」の耳に、「ディッカ・マントラ」を吹き込む「グラメール・バウル」。1988年11月、グラメール・バウルのアーシュラムで撮影。

写真4　列車で歌うバウル　2004年7月、アーマッドプール駅付近で撮影。

写真6　ポウシュ・メラで演奏するバウル(「歌姫の息子」)　左手で一弦楽器エクターラを、右手で半球形の陶器に革をはった太鼓ドゥギーを演奏。足首の鈴を数珠のように紐で連ねたグングールは、ダンスでリズムをとるのに便利な楽器だ。1988年12月、シャンティニケタンで撮影。

写真5　列車で演奏するフォキル　2005年8月、バルドマン駅付近で撮影。

写真7　ポウシュ・メラで演奏するバウル　演奏している打楽器はカンジョニ（khañjoni）。1988年12月、シャンティニケータンで撮影。

写真8　ポウシュ・メラで演奏するフォキル　1988年12月、シャンティニケータンで撮影。

写真9　ガンジャ（マリファナ）を揉んで準備するバウル　1988年5月、ラムプルハートで撮影。

写真10　巨大なバニヤン樹の樹幹で瞑想する「詩人・バウル」　1988年8月、ジョイデブ・ケンドゥーリ村で撮影

写真11　アーシュラムのテントに掲げられた横断幕　横断幕には「フォキルとバウルの音楽愛好会」と書かれている。メラの時期だけにぎわうジョイデブ・ケンドゥーリ村には、民間経営のホテルやロッジがない。寺院やアーシュラムには大きなテントが張られ、臨時の宿泊施設となる。寺院やアーシュラムは、バウルの歌や音楽を売り物に観光客を獲得する。1988年1月、ジョイデブ・ケンドゥーリ村で撮影。

目 次

序　　1
　1. 研究対象の概略　　1
　2. 研究方法　　2
　3. フィールドワーク　　5
　4. ベンガル語のカタカナ表記　　9

第1部　ベンガルのバウルのライフヒストリーの記述　　13
　はじめに　　15
　第1章　振り子行者　　17
　第2章　詩人バウル　　27
　第3章　元バラモン　　36
　第4章　宿なしバウル　　45
　第5章　10ルピー・バウル　　51
　第6章　グラメール・バウル　　64
　第7章　歌姫の息子　　85

第2部　バウルの民族誌的考察　　93
　はじめに　　95
　第1章　バウルの道　　97
　第2章　もうひとつのライフスタイル　　102
　第3章　マドゥコリの暮らし　　107
　第4章　人間関係　　121
　第5章　宗教生活　　129
　第6章　ベンガル社会の近代化とバウル　　151
　第7章　現代インド文明のメッセージ　　164
　第8章　結論　　166

跋　　173

参考文献　　179
索引　　185

序

　本書は，インド・ベンガル地方の「バウル」とよばれる宗教的芸能集団の文化人類学的研究である。本書は二部構成になっている。それらは，「第1部　ベンガルのバウルのライフヒストリーの記述」と「第2部　バウルの民族誌的考察」である。

1. 研究対象の概略

　バウルのベンガル社会にあたえているイメージは，あえて社会の規範からはずれようとする狂人のイメージである。バウルはカーストやカースト制度を認めない。またバウルは，偶像崇拝や寺院礼拝を行わない。バウルの行く道は，世の人びととは「逆の道」（ウルタ・ポト ultā path）である。彼らの自由奔放で神秘主義的な思想は，世間の常識や社会通念からはずれることがあり，人びとからは常軌を逸した集団とみなされることがおおいのである。

　実際に，ベンガル語の「バウル」（bāul）という語は，もともと「狂気」という意味である。そしてその語源は，サンスクリット語の vātula（「風邪の熱気にあてられた」，「風狂」），あるいは vyākula（「無我夢中で」，「支離滅裂な」）に由来するようである［Chatterji 1986：342, 423, 513］。

　バウルの歴史がどこまでさかのぼれるかは不明である。しかし，中世のベンガル語の文献では，バウルという語は，牛飼い女のゴピーがクリシュナに恋をしたように，「（神に恋をして）狂気になった人」という意味でつかわれはじめている。たとえば，16世紀のベンガルの熱狂的な宗教運動の指導者チョイトンノ（チャイタニヤ Caitanya 1485-1533）の伝記には，「我，クリシュナのはてしなき甘露の海にさまよい，狂気（バウル）となれり」といったような文脈でしばしばでてくる［Sen and Mukhopāddhaye 1986：325］。しかし，バウルという語がそのころに狂人のような宗教的態度の「個人」をさしていたのか，あるいは「宗派」としての意味をもちはじめていたのかどうかはあきらかでない。

　現代のベンガルでは，バウルという語にはまだ「狂気」というふかい意味が

ひそんでいるが，その語はもっぱら「バウルの歌と音楽を伝承する一群の人びと」，あるいは「バウルの歌と宗教を伝承する一群の人びと」をさす，といってさしつかえない。

このような，バウルという語の語源や中世の文献でのつかわれ方，そして現代での意味合いやイメージを考慮して，ベンガルのバウルのことを「風狂のうたびと」とでも名づけておこう。

さて，そのベンガルのバウルとよばれる「一群の人びと」が，いったい何人いるのかあきらかでない。社会集団としてのバウルは，インド政府が10年に一度行う国勢調査の調査項目にもない。調査対象になりえないほど，バウルは少数なのである。それにもかかわらず，バウルはベンガル社会で，はっきりと目立つ存在なのである。

バウルがベンガル社会で目立つのは，彼らのライフスタイルが，一般のベンガル人のそれとは根本的に異なっているからである。そのちがいは，「生活費の稼ぎ方」である。

バウルは，世俗的な意味で非生産的である。彼らは農業労働や工業生産，手工芸作業，商業活動などに，いっさい従事していない。バウルは，一般のベンガル人に経済的に依存し「マドゥコリ」（mādhukarī）をして生活費を稼いでいるのである。ベンガル語の辞書は，「マドゥコリ」という語を，「蜂が花から花へと蜜を集めるように，一軒一軒物乞いをして歩くこと」と説明している。すなわち，ベンガルのバウルとは，「みずからバウルと名のり，バウルの衣装を身にまとい，人家の門口でバウルの歌をうたったり，あるいは「神の名」[1]を唱えたりして，米やお金をもらって歩く人たち」のことである。バウルは，世捨て人のようなゲルア色（黄土色）の衣装を着て，「門付け」や「托鉢」をして生活費を稼いでいるのである。

2. 研究方法

1983年5月，わたしはベンガルのバウルの文化人類学的研究の予備調査を

---

[1] 「神の名」（Harinām）：ヴィシュヌ神（Hari）とその化身であるクリシュナとラーマの名（nām）をくりかえし詠唱すること。(Hari Krishna, Hari Krishna, Krishna Krishna Hari Hari, Hari Rama, Hari Rama, Rama Rama Hari Hari.)

はじめようとしていた。当時，わたしのベンガル語会話能力はまだ不十分だったので，ベンガル語による質問を20項目ほど準備した。たとえば，「あなたのお父さんはバウルですか？」，「あなたの兄弟はバウルですか？」，「あなたのお父さんの兄弟はバウルですか？」，「あなたのお母さんの兄弟はバウルですか？」などである。このような，本人との関係を示す親族名称を使用し，ほとんど「はい／いいえ」で答えられるような簡単な質問ではあったが，インタビューのテープを起こし，資料を整理しているうちに，その後の研究の方向を決定するような重大な結果が得られたことに気づいた。

　予備調査の結果は，つぎの2点に要約できる。(1) すべてのバウルがバウルの家庭に生まれたわけではない。(2) バウルの家庭に生まれたすべての人がバウルになるわけではない。つまり，ベンガル社会の「一群の人びと」が，マドゥコリの生活を採用し，「バウルになった」のである。これは彼らが選択したライフスタイルである。予備調査の結果は，インドのカースト社会を勉強してきたわたしにとって新鮮なおどろきであった。そして，バウルの文化人類学的研究を，彼らのライフヒストリーから接近するという方向に導いたのである。

　バウルの文化人類学的研究を，ライフヒストリーからアプローチするという方法は，もっとも有効な研究方法だと思われる。なぜなら，バウルのライフヒストリーは，人びとの行動を規制するカースト制度がいまだに根強いベンガル社会の，「だれが」「なぜ」「いつ」「どのように」マドゥコリの生活を採用し，「バウルになったか」を語っているはずだからである。また，ライフヒストリーの個々のケースは，バウルになった動機や要因の幅のひろさだけでなく，彼らがバウルになってからの適応戦略の多様性も反映しているはずである。さらに，バウルのライフヒストリーは，彼らが自分の人生をどのように意味づけているかをも語っているはずである。

　ライフヒストリーを採集する際のインタビューの方法は，面接者である聞き手の意図によって，「方向づけられたインタビュー」と「方向づけのないインタビュー」のふたつに区別できるという [Langness & Frank 1981：48]。「方向づけられたインタビュー」とは，「聞き手の聞きたいことを聞くインタビュー」であり，聞き手は，特定の話題を念頭において，ときには質問票を使用しながら，話し手がたえずその話題にそうように誘導して行うインタビュー

である。これに対し、「方向づけのないインタビュー」とは、「話し手の話したいことを聞くインタビュー」である。この方法により、「話し手が重要だと思っていること」、あるいはすくなくとも「話し手が（聞き手である面接者に）語ることが重要だと考えていること」を知ることができる。さらに、インフォーマントの自発性を重視することにより、「話し手がどのように概念化を行い、自分の人生について考えているか」を知ることができる。

インタビューに際し、わたしは話し手の話を方向づけないように努力した。しかし、聞き手であるわたしは、インタビュー中もっと聞いてみたいと思ったことをメモにとり、後日のインタビューの機会にはどしどし質問した。したがって、話し手の話が、話し手と聞き手との「対面的な相互作用」によって、意外な方向に展開することもしばしばあった。

バウルの研究をライフヒストリーから接近するという研究方法の重要性にもかかわらず、この種の資料収集はしばしば困難をともない、また時間のかかるものだった。彼らが人生について広範囲に語りだすまで、しばしば数ヵ月を要した。そして、わたしとかなり親密になっていたにもかかわらず、自分の人生を語ることにはいっさい応じないバウルも何人かいた。

バウルが自分の人生を語るのに消極的だった主要な理由は、彼らがマドゥコリという「世捨て人の生活様式」を採用していることによるだろう。「ベック」(bhekh)という「世捨て人の身分への通過儀礼」を通じて、ひとりの人間は、以前の社会的な属性を失い、世を捨てたバウルとして生まれかわったのである。実際、この通過儀礼をうけたバウルは、彼らの以前の社会的な地位や身分を忘れるようにと、グル（導師）から指導されているのである。

バウルが自分自身のことを語るのに消極的だったもうひとつの理由は、バウルの宗教の秘密主義的側面と関連があるだろう。

バウルの宗教は、ベンガルのヴィシュヌ派（チョイトンノ派）の思想やタントリズム[2]の流れを汲むショホジヤー派の思想[3]、ヨーガの修行法、スーフィズ

---

[2] タントリズム (Tantrism)：インド思想の重要な概念の一つ。教義としては、自己と人格的絶対者の同一性を求めることであり、自らの本質を認識し、適当な修行を行うならば、神としての自己のあり方に戻るとされる。

[3] ショホジヤー派 (Sahajiyā)：最高究極の真理は、あらゆる二元性を完全に超越・融合した状態とされるが、ショホジヤー派においては、それが「生得的」なものであることが強調される。

ム[4]など，いくつもの宗教的伝統の影響をうけている。しかし，バウルの宗教の核心的な部分は，「サードナ」(sādhana)とよばれる宗教儀礼の実践にある。このサードナには，ヨーガの呼吸法や坐法を通じて行われる性的儀礼や，宇宙を構成する五粗大元素，すなわち「地」「水」「火」「風」「空」を，人間の器官や分泌物にたとえて行われる儀礼などをともなう。そして，サードナに関することがらは，もっぱらグルから弟子へこっそりと伝えられ，部外者に対しては秘密とされているのである。

いずれの理由にせよ，ふだんは多弁なバウルでも，話題が彼らの人生や宗教生活におよぶと，とたんに寡黙になるのである。ライフヒストリーの聞き手であるわたしは，ライフヒストリーを聞く前に，語り手との絶え間のない，しかも長期にわたる親密な関係をきずきあげる必要があった。このように，バウルは研究対象として手ごわい相手であったけれども，わたしは数編のかなり詳細なライフヒストリーと数十編の伝記風のスケッチを，なんとか採集することができた。しかし，個々のバウルの人生のドラマの「舞台裏」まではいりこむのは，けっして容易なことではなかった。

テープレコーダーを利用したインタビューに応じてくれたのは66名である。このうち，男性の「バウル」は59名，女性の「バウリニ」は5名である。これに加えて，以前はバウルだったが現在はそうでない「元バウル」が1名，そしてバウルのグルに入門し，サードナの実践に努力する「在家の信者」が1名存在する。インタビューのテープ起こしは，ヴィシュヴァ・バーラティ大学の学生に手伝ってもらい，すべてわたしのベンガル滞在中に行った。

3. フィールドワーク

本書の資料は，1983年以来，断続的に14回にわたって滞在したインド・西ベンガル州における文化人類学的な調査による。滞在期間は合計約40ヵ月で，それぞれの調査期間は，①1983年5月から8月まで，②1985年5月から8月まで，③1987年6月から1989年1月まで，④1992年2月から3月まで，⑤

---

[4] スーフィズム(Sufism)：イスラムの神秘主義。イスラムは実際的な宗教として発展したが，初期には禁欲主義的で現世よりも来世に幸福を求める面が強かった。この傾向を受け継いだのがスーフィズムで，修行や思索の助けをかりつつ神を愛することによって神と一体となる無我の恍惚境を目的とするにいたった。

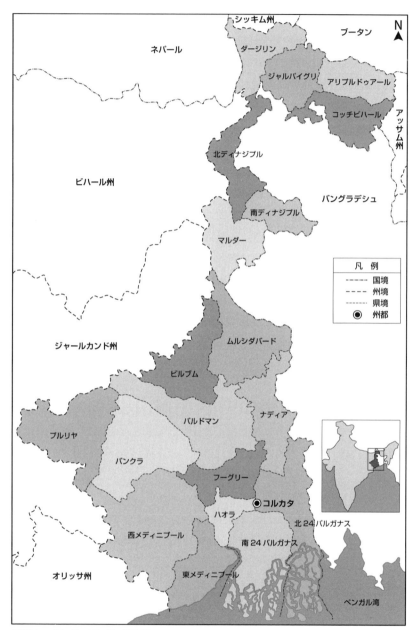

地図1：インド、西ベンガル州

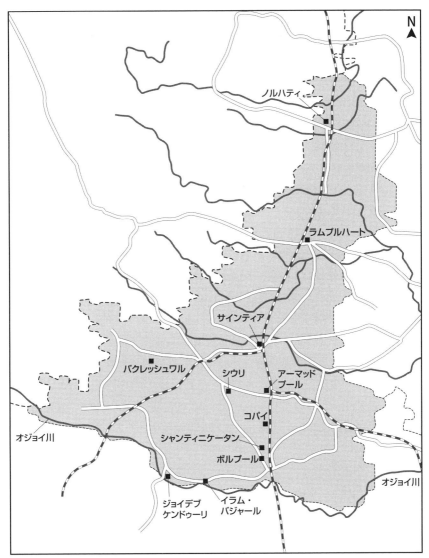

地図2：西ベンガル州ビルブム県

1998年7月から9月まで，⑥1998年12月から1999年1月まで，⑦1999年7月から9月まで，⑧2002年8月から9月まで，⑨2003年8月から9月まで，⑩2004年7月から8月まで，⑪2005年8月から9月まで，⑫2006年8月から9月まで，⑬2007年8月から9月まで，そして⑭2009年2月から3月までである。予備調査は①と②で，本調査は③で，そして補足的調査は④⑤⑥⑦⑧⑨⑩⑪⑫⑬⑭で行った。

本調査期間③のインドでのわたしの身分は，シカゴ大学に本部事務局をおくAIIS（American Institute of Indian Studies）の，在インド特別研究員だった。インド側の受け入れ機関はカルカッタ大学で，そこでのわたしの身分は，南および東南アジア研究センター（Centre for South and Southeast Asian Studies, Calcutta University）の客員研究員だった。

フィールドワークの本拠地として，ビルブム県ボルプール（Bolpur）市に隣接するシャンティニケータン（Santi Niketan）を選んだ。ボルプールは，コルカタ（カルカッタ）の北西約160キロ，急行列車で約3時間の距離の地方都市である。シャンティニケータンは，詩人タゴールが創立したヴィシュヴァ・バーラティ大学の所在する閑静な町である。シャンティニケータンをフィールドワークの本拠地とすることは，83年夏の予備調査のときから考えていた。その理由は，(1) ボルプール=シャンティニケータン地域だけでなく，近隣の村々にも多数のバウルが住んでいること，(2) 鉄道駅やバスターミナルに近く交通の便がよいこと，(3) 大学町なのでリサーチ・アシスタントの確保が比較的容易であること，(4) 外国人にとっても住みやすいこと，などである。

一般に，文化人類学的な調査をすすめる戦略として，ふたつのちがった方法があるといわれる［梅棹 1991：417-418］。その第1は「トランセクト法」とよばれるもので，「ひとつの地域を横断して，そのあいだの観察をもとに，全体のイメージを把握する」という方法である。これによって，さまざまな事例をあつめて，全体像を把握することができるし，地理的な変異も観察することができるという。そして，その第2は「定点観測法」とよばれるもので，「現地の一ヵ所に居をかまえて，じっくりと腰をおちつけて，ながい時間をかけてその社会を観察する」という方法である。この方法は，季節による生活のうつりかわりや，社会構造の精密な観察に適しているという。

わたしの場合、予備調査はトランセクト法によっている。昼はバスや列車を乗り継いで移動し、夜はホテルやロッジに泊まったり、あるいは寺院やアーシュラム（僧院）に泊めてもらったりした。1987年以降の調査は、シャンティニケータンを本拠地とし家を借りたので、定点観測法のようにみえるが、調査対象のバウルを訪ねてずいぶん旅行した。1ヵ月のうち半月はバウルの住む村に出かけ、残りの半月は本拠地で資料を整理するという生活であった。したがって、長期間の文化人類学的調査では定点観測法を採用することがおおいのであるが、わたしの場合、ほかの人類学者のやり方とは、すこし様子がちがうようである。

4. ベンガル語のカタカナ表記

ベンガル文字はベンガル語特有の音声をあらわすのに適している。ただベンガル語の長い歴史を反映して、現在、文字と発音に一部ずれが生じている［町田・丹羽　1990：11-27］。したがって、日本語で表記できないベンガル語の用語は、ベンガル文字と発音記号を併記すれば、文字と発音のずれも示すことができる。しかしこれは、ベンガル地域が専門の研究者のみを対象とした研究論文であれば理想的であるが、あまり現実的ではない。その種の文字や記号に慣れていない専門外の読者をも対象にするならば、外国語はカタカナ表記にしたほうが親切である。しかし、カタカナ表記だけでは、ベンガル地域専門の研究者だけでなく、文化人類学や言語学専門の研究者や学生にとっても不十分な資料となってしまう。

外国語をカタカナで表記する場合、日本語にはない音をどのように書きあらわすか、という問題に直面する。ベンガル語には中間母音があるし、日本語にない音（反り舌音など）のほかに、日常わたしたちが発音していながら区別していない子音（無気音と有気音）も多い。

そこで本書では、本文中にベンガル文字や発音記号を使用することを避け、外国語の語彙をカタカナで表記することにした。そして、初出時にベンガル語の文字つづりのローマ字転写を示すことにした。

以下、本書におけるベンガル語のカタカナ表記とローマ字転写についての取り決めごとを記す。

① 基本はローマ字読みである。例：Gupta →グプタ，Kolkata →コルカタ。
② インド・アーリヤ系諸言語特有の音を示すために，次のような補助記号を用いる。
　a．長母音は母音文字の上の［ ¯ ］で示す。例：Hindū →ヒンドゥー。
　　ただし，［e］と［o］は長母音記号がなくとも，通常は長母音であるが，ベンガル語をはじめとするインド東部の諸言語では，［e］［o］は短母音のままである。
　b．中間母音［ɔ］［æ］の発音要領とカタカナ表記。
　　［ɔ］は，［a］と［o］の中間の音。［a］を発音する要領で大きく口を開け，［o］と発音する。日本人には「オ」に近く聞こえるので，「オ」とカタカナ表記する。
　　［æ］は，［a］と［e］の中間の音。［a］を発音する要領で大きく口を開け，［e］と発音する。日本人には「エ」に近く聞こえるので，「エ」とカタカナ表記する。
　c．反り舌音は，子音文字の下に［ ˳ ］をつけて示す。
　　　例：paṇḍit →パンディット，ṛṣi →リシ。
　d．有気音は，子音文字に続く［h］で示す。
　　ただし，有気音と無気音の区別は日本語にはなく，日本人には通常認識されていないので，カタカナ表記では次のように略記する。
　　　例：Bharāt →バーラト
　e．ベンガル語の摩擦音の子音字 শ, ষ, স の音価は，いずれも［ʃ］であるが，文字を区別するために［ś］,［ṣ］,［s］によって示す。
　f．摩擦音 শ, ষ, স が［s］と発音される場合。
　　শ, ষ, স の表す子音はいずれも［ʃ］であるが，直後に［t, tʰ, kʰ, n, r, l］が来ると［s］と発音される。
　　　例：śrimati →スリモティ（…夫人），strī →ストゥリー（妻）
　g．ベンガル語の鼻子音には［n］（歯裏〜歯茎），［m］（両唇）のほかに次のようなものがあるが，多くの場合は後ろの子音に引かれて自然に出る音を示すと考えてよい。
　　　　［ṅ］（軟口蓋）：Gaṅgā →ガンガー

　　　　［ñ］（口蓋歯茎）：Pañcatantra →パンチャタントラ
　　　　［ṇ］（反り舌）：→ Paṇḍit
　　h．鼻音化音（鼻と口の両方から息が出る母音）は，母音の上に［˜］をつけて示す。
　　　　例：pāc →パーンチ
③ インド・アーリヤ系諸言語のローマ字転写法については，ほとんどの研究者によって承認されている方式と矛盾しないように努力した。しかし，ベンガル語はいくつかの点で独特である。
　　サンスクリット語では，両唇あるいは唇歯音の摩擦音"v"と，両唇閉鎖音"b"の間には区別がつけられているが，ベンガル語では，文字でも発音でも区別されていない。サンスクリット語の母音間に"v"が生じるところでは，ベンガル語では，話し言葉でも書き言葉でも"b"が生じる。サンスクリット語の子音連結の第2音で"v"が生じるようなところでは，ベンガル語の書き言葉では"b"が生じ，話し言葉では，その影響は子音連結の第1音を二重にする。したがって，チョイトンノの生誕地として有名なベンガルの都市名は，ふつうは「Navadvip」とローマ字で書き表されるが，たぶん［nɔbɔddip］と発音されるだろう。
　　［nɔbɔddip］と発音される都市名の，ベンガル語の文字つづりのローマ字転写は「Nabadbip」であるが，これではいかにもぎこちなく見えるだけでなく，ベンガル語の発音の不正確な表現になってしまう。また「Nabaddip」では，ベンガル語の正書法として不正確な表現になる。
　　そこで本書では，サンスクリット語では，記号としても音としても"v"で表されている場合，ベンガル語ではその記号も音も"b"であっても，"v"を維持することにする。
　　　　例：Gītagobinda → Gītagovinda，Gopī bhāba → Gopī bhāva．
④ ただし，近・現代の地名・人名では，上記表記法によらず，現地つづり，本人によるつづりを，補助記号なしのローマ字で示すのを原則とする。
　　　　例：Navadvip → Navadwip，Ravīndranāth Ṭhākur → Rabindranath Tagore．

第1部

ベンガルのバウルのライフヒストリーの記述

はじめに

　本研究では，あつめたライフヒストリーを読者に呈示する方法として，「ライフヒストリーの重ね合わせ」という手法を採用する。すなわち，その社会に住む人びととの複数のライフヒストリーを並列させて，ベンガル社会における「バウルという人間集団」を描きだすという手法である。

　ライフヒストリーの重ね合わせという手法は，ライフヒストリーの「どの側面を注目」するかによって，ふたつのもちいられ方があるという［小林1994：71-73］。ひとつは，ライフヒストリーの「ヒストリー性」に注目して，ライフヒストリーを重ねていくやり方である。たとえば，ライフコース法のように，「世代」をキータームとして，複数の人生をたばねていく方法がある。この場合，ライフヒストリーにふくまれる誕生から現在の時点にいたるまでの時間的なながれ，あるいは年齢的な秩序が重視される。ライフコース法のようにヒストリーの側面を重視して，ライフヒストリーを複数あつめて量的にあつかえば，それは一般化をめざす「法則定立的調査」となるだろう。

　もうひとつは，ライフヒストリーの「ストーリー性」に注目し，本人のことばを尊重して「語り」を記述し，並列させていく方法である。この場合，いろいろな話題をつぎつぎに鎖状につなげて構成し，複数のライフヒストリーをならべて呈示すれば，それぞれのライフヒストリーは，ひとつの完結した「経験の物語」となる。このように，ライフヒストリーをストーリーとしてとらえる立場からすると，ライフヒストリーは「口述の自伝的な物語」であり，語り手が自分の過去の経験を表現した内容そのものが考察の対象となる。すくなくともライフヒストリーのストーリー性に注目する場合は，一般的な類型化を志向するのではなく，個性的で独自なところを描くことをめざす「個性記述的調査」となるはずである。

　複数の「ライフヒストリーの重ね合わせ」があきらかにすることは，単に「内部者の視点」や「内側からみた文化」だけではない。おなじコミュニティに属する人のライフヒストリーが並列されることで，内部者同士の「経験の物語」も，じつに個性的なものであると気づくのである。このような「個性記述的調査」は，一般化や類型化を求める「法則定立的調査」では切り捨てられる

ような独自性を，むしろ個性的な様相として重視して描こうとするものである。

　個々のバウルのライフヒストリーは，それぞれ個人の経験を表現したものであり，それ自体で完結した世界をあらわしている。しかし，ひとりの人間の人生の物語には，その人をとりまく社会の描写があるはずである。ひとりの人間のライフヒストリーは，絵画や写真にたとえれば，その人の「肖像」であると同時に，その人に焦点をあわせた「群像」でもある。

　第1部では，7人のバウルのライフヒストリーを紹介する。語り手の「語り」を強調するために，聞き手の「質問やあいづち」を省略した。しかし，これら7編のライフヒストリーは，バウルとわたしとで「共同制作された作品」である。わたしは，バウルの語りの「聞き手」であり，また語られた話の「編集者」であり，さらに読者に呈示する立場にある。わたし自身の人類学者としての素養やベンガル文化についての知識が，ここに収録された作品に影響を与えていると思う。したがって，7編のライフヒストリーの文責は，すべてわたしにあることはいうまでもない。

第1章　振り子行者

はじめに

　ビルブム県のジョイデブ・ケンドゥーリ村（Joydeb Kenduli）は，オジョイ川の北岸に位置している。この村は，12世紀のサンスクリット抒情詩人ジャヤデーヴァ（Jayadeva）の生誕地として有名である。またこの村は，この詩人の経験した「奇跡」によりヴィシュヌ派の聖地となった。その奇跡とは，ジャヤデーヴァがガンガー（ガンジス川）の女神に知らされて以来，ガンガーの水は，ポウシュ月（12–1月）の最終日に，水系的にはつながりのないオジョイ川に流れこむと信じられているのである。

　ジョイデブ・ケンドゥーリ村は，ベンガルにおけるもっとも有名な定期市のひとつ「ジョイデブ・メラ」（Joydeb Mela）の開催地である。ジョイデブ・メラは，毎年，ポウシュ月の最終日をはさんで，数日間つづく。メラ開催中，ベンガルの地方の町や村からメラ会場行きのバスがひっきりなしに出る。ふだんはひっそりとしたジョイデブ・ケンドゥーリ村は，聖なるガンガーの水が流れこむオジョイ川で沐浴しようとあつまった巡礼客であふれるのである。

　ジョイデブ・ケンドゥーリ村のホリ・ダシュ・バウル（Hari Das Bāul）は老バウルである。正確な年齢は彼自身にもわからないが，おそらく80歳前後であろう。彼は，昔から「振り子行者」（Halakanpa Bābā）という愛称で呼ばれている。「振り子行者」という愛称が暗示するように，彼は脳性小児マヒの後遺症に苦しんでいる。以下は，「振り子行者」の物語である。

1. ビルバモンゴルの聖者

　わたしはプルリア県のラドゥルカ村で生まれました。わたしの父は物納小作人でした。しかし，父は村でいろんな雑用もしなければならない立場でした。わたしが16歳か17歳のとき，両親はあいついで亡くなりました。

　少年時代，わたしは，ひとりの聖者（サードゥー）と顔なじみになりました。その聖者は，ジョイデブ・ケンドゥーリ村の隣の村のビルバモンゴル村の人で，

ときどきわたしたちの村にやって来ては，賛歌のキールトンをうたったり，「神の名」を唱えたりしながら「マドゥコリ」（物乞い）をしていました。わたしの両親は信心ぶかい人で，その聖者の姿を見ると，いつも施与していたのをおぼえています。

　わたしは，生まれつきの脳性小児マヒで，いつもこうして身震いしています。ですから，ふつうの仕事はできません。両親の死後，わたしは，しばらく「カカ」（父の弟）の世話になりました。しかし，突然ころがりこんできた不具者のわたしは，そこではやっかい者でした。わたしは，人の情けにすがって物乞いをして生活してゆかねばならないと痛感しました。わたしは，宗教者としてどこかのアーシュラムで暮らしたいと思いました。何の心配もなく，信仰と礼拝の日々をすごしたいと思ったのです。このようなわけで，ビルバモンゴルの聖者に，彼のアーシュラムに住まわせてほしいと懇願しました。親切にも，彼はわたしの願いをかなえてくれたのです。それは，わたしが18歳のときのことでした。

　ビルバモンゴルの聖者は，わたしの宗教上の「グル」ではありません。彼はわたしの「主人」か「雇い主」のような人でした。ビルバモンゴルに来てから，わたしは毎朝近所の村々をまわり，一軒一軒，「神の名」を唱えてマドゥコリをしました。聖者には，「マタマ」（「母上」，すなわち聖者のパートナー）がいました。彼らはわたしに，マドゥコリに出かけるかぎり，一日に一定量以上の金品を集めるようにとノルマを課しました。しかし，これはつらい課題で，わたしを苦しめました。村人の喜捨は，それが何であれ，「神からいただいたもの」と感謝して受けとるだけです。わたしは村人に，「もっとたくさん恵んでください」と要求することはできません。

　聖者は牛を飼っていました。牛の世話はわたしの仕事でした。そのほか掃除や洗濯，水くみ，薪あつめなど，アーシュラムの雑用はすべてわたしの仕事でした。そうこうするうちに，マタマは出産しました。その子の子守もわたしの仕事でした。

　聖者のアーシュラムは，品性のよくない人たちのたまり場でした。彼らは，いつもわたしの病気をからかって，雑談の種にしていました。

　「サードゥー・ババ。あの助手をどこで発見したのですか。あのいつも身震

いしている不具の少年，なかなかいいじゃないですか。不具の子は，マドゥコリの名人なのでしょう。あの子がすることといえば，マドゥコリに出かけているか，それともああして身震いしながら用事をしているかじゃないですか。しかもあの子は，何ひとつ不平をいわない」。

　わたしは動作もにぶいし，ことばも不自由です。しかし彼らは，わたしが彼らの会話のすべてを理解しているということを，理解していないようでした。

　わたしは，「この病気は，一生わたしを苦しめるのだろうか。神はこのあわれな不具の少年を，気の毒と思ってくださるのだろうか」と，何度も自問しました。そして，ビルバモンゴルに来て3年ほど経過したころ，わたしの苦痛はここでは解消しないと，やっと気づきました。

　ある日，わたしは聖者にいいました。「父上。わたしには親がのこした家屋敷があります。それを処分するために，一度プルリアに帰ろうと思います」。「それはよい考えだ。家屋敷など修行のじゃまだ。そんなもの売り払ってしまいなさい。売れたらすぐにここに戻ってきなさい」と，聖者は答えました。

　そして，まさに出発のその日，わたしは聖者に，旅費・交通費としていくらかお金がほしいとお願いしました。しかし彼は，「乞食に旅費・交通費など必要ない。おまえは物乞いをして，その金を工面しなさい」と，わたしの願いをしりぞけました。わたしは聖者のことばに失望しました。それでもわたしは，聖者の前にひれ伏し，両手で彼の足にふれて，「プロナーム」を行いました。しかし，心のなかでつぶやきました。「ああ，ビルバモンゴル！ここは安住の地とはなりませんでした」。こうしてついに，わたしはこの聖者のアーシュラムを去ったのです。

2．ビジョイ・クリシュナ・ゴスワミ師

　ビルバモンゴルに滞在中，わたしは目を患ったひとりの少年を看病しました。さいわい少年の眼病はまもなくなおりました。少年の住むベタ村は，オジョイ川をはさんでビルバモンゴル村の対岸にありました。わたしは，プルリアの故郷にかえる途中，その少年に別れのあいさつをするために，ちょっと立ち寄りました。しかし彼は，「もう一日」，「もう一日」と，わたしを引き止めました。わたしは彼の家に数日滞在しただけですが，その村で結局5年間も生活するこ

とになりました。なぜなら，当時，その村にアーシュラムをもっていたビジョイ・クリシュナ・ゴスワミ師の祝福を受けたからです。師は，現在，バルドマン県のマランディギ村のアーシュラムに住んでおられます。師は，わたしよりいくつか年長で，いまでもお元気です。わたしは，いまでもときどき師を訪問します。

　ビジョイ・クリシュナ・ゴスワミ師は，わたしを導いてくれたグルです。わたしはこの偉大な人物から「ディッカ」(入門式) と「ベック」(世捨て人の身分への通過儀礼) を受けました。また師は，わたしの「シッカ・グル」(宗教的トレーナー) でもあります。師はヨーガ行者で，ヨーガの坐法や呼吸法を教えてくれました。また師は，クリシュナ神の敬けんな帰依者で，クリシュナ神の偉大な「マントラ」を授けてくれました。

　師は，「これらのマントラを唱えながらヨーガの修行に努力すれば，おまえの体の内部からショクティ (力) が自然にわき出てくる。おまえの体は，ヨーガの修行で必ずなおる」と，病気の後遺症で苦しむわたしを力づけてくれました。実際，師のいわれたとおりとなりました。わたしの体は，速度のおちた自転車のように，右に左にといつも不安定に揺れ動きます。しかし，以前はもっとひどく，自分で起きあがることさえできませんでした。またわたしは，ふつうの道は歩けますが，田んぼのあぜ道はどうしても歩けませんでした。わたしは神に感謝しなければなりません。ビジョイ・クリシュナ・ゴスワミ師のおかげで，わたしの体はずいぶんよくなりました。

　『ギーター』[5]のなかで，クリシュナ神は「何ごとも顧みることなく，各自の本分をつくすなら，それは解脱への道である」と，説いています。わたしがベックの通過儀礼を受けたとき，ビジョイ・クリシュナ・ゴスワミ師は，わたしの本分，すなわちわたしの仕事を説明されました。

　「おまえに割り当てられた仕事は，神の名を広めることだ。神の名を唱えながらすべての人に近づき，すべての人を神の王国へと導く仕事だ。そしておまえはひたすら神に帰依し，結果は神にゆだねて行動せよ」と，説明されたのです。

---

[5] 『バガヴァッド・ギーター』のこと。インド古代の叙事詩『マハーバーラタ』の一部をなす宗教・哲学的教訓詩編。

師はさらに，わたしの仕事は「チョイトンノ・モハプラブ」[6]のされた仕事と同じであるといわれました。つまり，わたしの仕事は，「カーストの差別をとりのぞき，すべての人に希望の光を与えること。大昔から軽視されつづけてきた人たちの意欲や意識を高めること。人類全体の幸福のために，社会に新しい秩序を与えることなのだ」と，説明されたのです。この師のことばは，わたしの心を揺さぶりました。

3. ハリジャン・アーシュラム

ビジョイ・クリシュナ・ゴスワミ師が，マランディギ村に新しいアーシュラムを設立されたとき，わたしも彼と一緒に移住したいとお願いしました。もちろん，師はわたしの願いをしりぞけませんでした。しかし彼は，「師弟関係というものは生涯にわたるものであり，今こそ自立しておまえの仕事をはじめるよい機会である」と提案されました。

わたしは師の助言にしたがいました。そして，ジョイデブ・ケンドゥーリ村からすこし西の，ティカルベタ村の「バグディ・カースト」[7]の集落に住みはじめました。ひとりの親切なバグディが，「モノシャ女神」[8]を祀った礼拝小屋を提供してくれたので，そこに住むようになったのです。

わたしは毎朝，日の出と共に「神の名」を唱えながら村中の家を巡回するのが常でした。オジョイ川の船頭をしていた男性が，しばしばわたしを訪ねてきました。彼は「バーロク・バジャン」（bālak bhajan）と呼ばれる宗教的奉仕活動をしていました。それは，村中の男の子に食事をふるまうもので，いわば定期的に「少年たちのための宴会」を開催していたのです。わたしはその宗教的雰囲気が気にいったので，彼に協力するようになりました。

わたしは少年たちをあつめて，賛歌のキールトンや楽器の演奏法を教えました。楽器といっても，小さなシンバルや太鼓などの打楽器や，指ではじく一弦

---

[6] チャイタニヤのこと。ベンガルのヴィシュヌ派（チョイトンノ派）の開祖。真のヴィシュヌ教徒はひたすら神にすがるべきであるとし，カーストの区別なく入信を許した。
[7] バグディ・カースト（Bagdi）は，中・西部ベンガルの，農業労働，漁労，船頭などを生業とするカースト。
[8] モノシャ（Manasā）は，蛇そのものが神格化した女神で，蛇を制し毒を消す力をもつとされる。ベンガル地方でさかんに祀られ，雨季（6-9月）には毎月きまった日に祭りが行われる。

楽器の「エクターラ」(ektārā），小脇に抱えて爪（ピック）ではじく二弦楽器の「グブグビ」(gubgubi) などの簡単な楽器です[9]。それらは村人たちがいつも演奏しているものです。わたしは少年たちを音楽隊に組織し，賛歌をうたいながら村から村へと出かけるようになりました。まだ幼児だったシュディル・ババ（シュディル・ダシュ・バウルのこと）は，いつもわたしについてきたものです。

　このようにして，わたしはバグディ・カーストの集落で11年間，社会の底辺に住む人たちと一緒にすごしました。その間，まだ漠然としたものでしたが，ある計画を心のなかであたためていました。それは「ハリジャン・アーシュラム」[10]という名の，わたし自身のアーシュラムを設立するという計画です。

　ティカルベタ村のバグディ・カーストの集落からジョイデブ・ケンドゥーリ村に移住したのは，もう40年以上も前のことです。最初は，ディワルカナート・バッタチャルジョ師のアーシュラムに，そのあと「カンガル・ケパ」[11]のアーシュラムに宿を求めました。

　カンガル・ケパのアーシュラムは，「タマル・トラ・アーシュラム」（「黒い木にかくれたアーシュラム」の意）と呼ばれていました。アーシュラムの名前にふさわしく，そこには巨大な「バニヤン樹」[12]がしげり，昼でもうすぐらく，ひんやりとしていました。樹幹の根元には，黙想するための空間がつくられていました。そこは，ほんとうにすてきな空間で，ヨーガの修行には理想的でした。（写真10参照）わたしはすっかりその場所が気にいったので，カンガル・ケパに，アーシュラムの敷地内に小屋をたてさせてほしいとお願いしました。親切にも，師はわたしの願いをかなえてくれました。そしてわたしは，カンガル・ケパの献身的な在家の弟子から，材木や竹，わら，金物などの建材だけでなく，労働力まで提供してもらったのです。それは一部屋だけの泥壁の小屋でしたが，わたしは自分のアーシュラムをもつことができたのです。もちろんわ

---

[9] グブグビは，その音色からくる擬声語的な楽名で，「コモック」(khamak) ともよばれる。

[10] 「神の子たちのアーシュラム」の意。インド独立の父マハトマ・ガンディーは，不可触民のことを，「ハリジャン」（神の子）とよんだ。

[11] カンガル・ゴスワミ師のことで，「狂人カンガル師」の意。

[12] 別名「ベンガルボダイジュ」。インド原産のクワ科の常緑樹。枝から多数の柱状気根をおろして横に広がり，一株で森のようになる。

たしは，その小屋に「ハリジャン・アーシュラム」と命名しました。わたしは，ベンガル暦1370年（A.D. 1963-1964）に，この場所に，現在のこの建物を新築するまで，約18年間，そこに住みました。今，ラム・ババ（パゴル・ラム・ダシュのこと）が住んでいるところは，かつてわたしの場所だったのです。

4．バウルの歌とサードナ

　ジョイデブ・ケンドゥーリに移住してからも，わたしは「神の名」をひろめる仕事をつづけました。シュディル・ババ，ラム・ババ，ションブ・ババ（ションブ・ダシュ・バウルのこと）たちが，あいついでわたしの活動に加わりました。

　「マドゥコリ」の生活をすることは，たしかにバウルの本分として不可欠の部分です。しかし，「バウルの道」の究極の目的地に到達するためには，「サードナ」（成就法）と呼ばれる宗教儀礼を実践しなければなりません。このサードナの実践もまた，バウルの本分として不可欠の部分です。このふたつは，分離することのできない，表裏一体のものだと思います。「バウルの道」を歩むということは，このふたつの本分をはたすことです。

　わたしにバウルの歌や宗教を教えた人，つまりわたしのもうひとりの「シッカ・グル」は，ナラヤン・ダシュ・バウルです。わたしは彼のことを，いつも「ジャマイ・ダ（婿殿）」[13]と呼んでいました。なぜなら，彼はプルリア県のサラシ・ババの弟子だったからです。プルリア出身のわたしにとって，プルリア出身でない彼は，「婿殿」のようにおもえたからです。彼とわたしはほぼ同年齢でした。あるいは，わたしのほうがいくらか年長だったかもしれません。いずれにせよ，わたしたちはほんとうに親しかった。このような親密な関係だったからこそ，わたしはバウルの歌や宗教を学べたのだと思います。

　バウルの宗教は，バウルの歌に表現されています。しかし，バウルの宗教や儀礼には秘密の事がらがおおいので，その秘密をうたいこんだバウルの歌には，しばしば「暗号のような語句や表現」（サンダー・バーシャ sandhyā bhāṣā）が意図的に使用されます。このためバウルの歌は，部外者にとっては難解で，

---

[13] 「ジャマイ」は，ベンガル語の親族名称で「娘の夫」。「・ダ」は，ベンガル語の接尾辞のひとつで，親しい男性の固有名詞や親族名称につけて「呼称」をつくる。

いくつもの解釈が可能だったり，あるいは意味不明のことがおおいのです。バウルの歌には，隠された「真の意味」があるのです。

「ジャマイ・ダ」はバウルの歌をほんとうによく知っていました。しかし，わたしが歌詞の「真の意味」を質問しても，質問に直接答えないのが常でした。彼の応答の仕方は，わたしの質問に関連する別のバウルの歌を1曲うたい，ヒントを与えるという方法でした。後日，彼から学んだバウルの歌の「真の意味」を確かめると，彼はいつも，「そのとおり，正解だ」といって，また別の歌を教えてくれるのでした。このようにして，わたしはたくさんのバウルの歌を学びました。バウルの歌は，部内者にとっては「なぞ解き」をするようなおもしろさがあります。わたしは，すっかりバウルの歌に魅了されてしまったのです。

人はバウルの歌をうたうだけではバウルになれません。大事なことは，バウルの歌を通じてバウルの宗教や儀礼を学ぶことです。そして，学んだことを実践することです。わたしはバウルの歌を通じて学んだバウルのサードナ（成就法）を，あの泥壁の小屋でひそかに実行しはじめたのです。

ジョイデブ・メラは，バウルにとってもっとも重要な祭です。毎年メラの時期になると，各地の偉大なバウルがジョイデブ・ケンドゥーリ村へやってきました。ニタイ・ケパ，ノボニ・ケパ，トリバンガ・ケパ，ディナボンドゥ・ダシュなどの有名なバウルです。ノボニ・ケパの息子のプールノ（プールノ・チャンドラ・ダシュのこと）は，まだ変声前の子どもでした。ニタイ・ケパの弟子のショナトン（ショナトン・ダシュ・バウルのこと）は，まだ青年だった。彼らはわたしのアーシュラムで，昼も夜も関係なく，それこそ一日中バウルの歌をうたったものです。彼らは，音楽的な技量やバウルの歌の知識を，たがいに競いあっているようでした。

ミーラ・モハンティという名のバウリニがいました。彼女は，メラの時期をはさんで，わたしのアーシュラムに数週間滞在するのが常でした。彼女は，偉大なバウルがうたう歌を，かるい手拍子をうちながら，静かに聞いているのが常でした。しかし，彼女はときどき，バウルの歌を数曲，立て続けにうたったものでした。彼女のうたう歌はどれも難解でした。「意図的な語句や表現」があちこちに含まれていたのです。あのプールノの父でさえ，ときには彼女がう

たった歌の「真の意味」をつかみかねていました。しかし，わたしにはすべて理解できました。「ジャマイ・ダ」がそのような歌をたくさん教えてくれていたからです。

5. グルと弟子

わたしが何人の弟子をもつのか，正確な数字はわたしにもわかりません。おそらく千人以上でしょう。しかし，わたしの弟子の大部分は家庭をもった世俗の人びとです。わたしの「ハリジャン・アーシュラム」の名がしめすように，彼らの大半は社会の底辺におとしめられている人たちです。

わたしにはバウルの弟子はすくないのですが，それでもこの地域に住むバウル全員が，直接あるいは間接的にわたしの弟子だといえるでしょう。バウルのなかでも，シュディル・ババ，ションブ・ババ，ラム・ババの3人は，わたしの40年来の弟子です。しかし，バウルの弟子といってもピンからキリまでいろいろです。バウルが自分の「エクターラ」を調律するように，わたしは弟子に指示を与えて，彼が「バウルの道」の本分をはたせるように指導します。しかし残念ながら，わたしの教えることが理解できない者もいます。彼らはバウルの歌の背後にある「真の意味」を理解しないで，まるで「九官鳥」のようにバウルの歌をうたっている。もっとも，バウルの歌を九官鳥のようにうたうだけの「ガエク・バウル」（gāyek bāul 歌手バウル）は，昔にもずいぶんいました。彼らは「バウルの道」の一歩か二歩でとまってしまったのです。「バウルの道」を追求し，バウルのサードナを実践する「サドク・バウル」（sādhak bāul）になるには，それなりの感受性が必要だということです。

「バウルの道」を追求するには，グルの「指導」と弟子の「努力」が必要です。グルと弟子との関係は，全面的に信頼しあった人間と人間とのぶつかりあいです。グルも弟子も，たがいに自分をさらけださなければなりません。隠しだてをしたり，恥ずかしがったりするのは禁物です。

わたしのシッカ・グルが，みんなわたしとほぼ同年齢だったことは幸運でした。わたしは彼らと，たいへん親密な関係を築くことができました。とくに「ジャマイ・ダ」とはそのような関係でした。わたしはサードナに関することを質問するのに，何のためらいも感じませんでした。しかしわたしは，今や

すっかり老人になってしまった。わたしは若いバウルに対して「世代の差」を感じてしまいます。「逆もまた真なり」だと思います。彼らはわたしに質問したいと思っていても，わたしの前ではためらってしまうのでしょう。

わたしには「孫」がひとりいます。血のつながりという点からいえば，彼はわたしの孫ではありません。彼は「わたしの弟子の息子」です。しかし，グルと弟子との関係は，父と息子との関係と同じというわれわれの認識では，彼はわたしの孫です。だから彼は，わたしのことを「じいちゃん」とよびかけるのです。

わたしの「孫」は，健康で利発な子でした。その孫がすくすく成長して，みごとなバウルになりました。ゴール・ホリ・ダシュ（Gour Hari Dās）といいます。彼は，「本物の」バウルになるように子どものころから訓練されたので，「並の」バウルでは，とても彼には太刀打ちできません。わたしも，彼がもの心つくころから知っていることは何でも教えました。彼はまだ30代の若いバウルですが，彼こそわたしの後継者にふさわしい。わたしは，わたしに存在した責務のすべてを，今では彼にゆだねています。わたしが使者を送れば，彼はここにやってきます。そして，バウルの宗教や儀礼のすべてを教えることができるでしょう。もしご希望なら彼を紹介しましょう。

第2章 詩人バウル

はじめに

　「振り子行者」が語ったように，彼の40年来の弟子に3人のバウルがいる。すなわち，シュディル・ダシュ・バウル，ションブ・ダシュ・バウル，そしてパゴル・ラム・ダシュである。この3人には，いくつかの共通点がみとめられる。それらは，(1) 彼らが，社会階層の下層，あるいは最下層のカースト出身であること，(2) 子どものころに父親と死別していること，(3) 父親の死後，きびしい貧困生活を経験したこと，(4) 10代のときに振り子行者の活動に参加したこと，そして (5) 振り子行者が彼らの人生に決定的な影響を与えたこと，などである。ここでは，この3人のバウルのなかから，ジョイデブ・ケンドゥーリ村のパゴル・ラム・ダシュに登場してもらって，彼の話を聞くことにしよう。

　パゴル・ラム・ダシュ（Pagol Ram Das）は，「詩人バウル」(lekhak bāul) である。彼は，1931年生まれの，一見もの静かなバウルである。しかし，自作の歌をうたうときの彼には，巨大なバニヤン樹のような力強さが感じられる。胸に秘める情熱を歌に託して表現しているのであろうか。

1．第一歩

　わたしはバルドマン県のバルバリシャ村で生まれました。わたしは「バウリ・カースト」[14]出身です。父は日雇いの農業労働者でした。しかし，父は病気でずっと寝たきりでした。

　わたしは子どものころから音楽がたいへん好きでした。わたしはすでに自分の楽器「グブグビ」をもっていました。わたしは音楽好きのあつまりに参加し，そこで歌をうたったり，踊りをおどったりしたものでした。隣村の「カナイ・

---

[14] バウリ・カースト (Bauri) は，西部ベンガルで，輿 (こし) かつぎ，農業労働，土工などを生業としたカースト。

バブ」[15] がリーダーでした。

　ある日，カナイ・バブがわたしを迎えに家まできました。わたしは病床の父に，「カナイ・バブが迎えにきてくれた。ぼくは歌をうたいに行きたい。彼と一緒に行きたい」と，許可を求めました。そのとき，父はしばらくわたしの顔を見つめ，「おまえは，将来，歌をうたわねば食べてゆけないだろうな」と，いいました。わたしはまだ子どもでした。わたしには父のことばが理解できませんでした。数日後，わたしは帰宅しました。しかし，わたしは父の顔を再び見ることができませんでした。父はわたしが11歳のときに亡くなりました。

　父の死後，わたしの家はますます貧しくなりました。ある日，兄がわたしにいいました。「もしおれがおまえのように歌を習っていたら，おれは歌をうたって稼ぐことができるのに。おまえは歌をうたい，それで食べてゆけるではないか。おおくの人がこの村にやってきて，歌をうたいながら米やお金をもらっているではないか。おまえは何をためらっているのだ」。

　兄のことばは刺激的でした。さっそく「ジョラ」（肩にさげる布袋）を自分で作り，翌日には愛用のグブグビをもって出かけました。それがわたしのマドゥコリの「第一歩」でした。人びとは，「すばらしい道を歩みはじめたのですよ。つらくても，けっしてこの道を放棄してはいけませんよ」と，励ましてくれました。しかし，マドゥコリをすることはどうしても恥ずかしく，長つづきしませんでした。

2. 結婚

　父の死後まもなく，わたしは結婚しました。妻もバウリ・カースト出身でした。わたしたちの結婚は，双方の親族同士の取り決めによるものでした。

　さて，わたしたちは結婚しましたが，まだ幼い少年と少女でした。しかし，わたしは食べるために働かねばなりませんでした。わたしは，かつて父がしていたように，農業労働をして生活費を稼ぎました。日の出から日没まで，ただ命じられるまま，家畜のように働きました。夜になって数曲の歌をうたうのが，わたしの唯一の楽しみでした。

---

[15] 「・バブ」は，ベンガル語の接尾辞のひとつで，年長の男性の固有名詞につけて「尊称」をつくる。

3．振り子行者

　ある日，わたしは「振り子行者」と出会いました。彼は仲間と一緒にわたしの村にやって来たのです。彼らは「神の名」を唱えてマドゥコリをしていました。また，彼らは村の一角でバウルの歌もうたっていました。わたしは愛用のグブグビをかかえて家をとびだしました。

　このとき，振り子行者はわたしに，バウルの歌を一曲教えてくれました。彼は，まずその歌詞のすべてをゆっくりと語り，そのあと歌詞の一節一節をゆっくりとくりかえしました。わたしは一節一節，彼のあとについて復唱しました。そして，わたしが歌詞をおぼえると，彼はわたしにその歌をうたわせました。わたしがうたっているあいだ，彼は手拍子をとり，まちがうと訂正してくれました。彼がバウルの歌をたいへんよく知っているということに，すぐに気がつきました。わたしは，カーストの存在そのものを否定するバウルの歌がすっかり気にいり，振り子行者にもっと歌を教わりたいと思いました。

　振り子行者は，わたしに入門を許し，バウルの歌だけでなく，ヨーガの坐法や呼吸法も教えてくれました。そして，わたしがバウルの歌を通じてバウルのサードナに興味をもつようになったころ，わたしは全面的に「バウルの道」を追求したいと思いました。わたしは振り子行者に，世捨て人の身分への入門式である「ベック」を要請したのです。しかし，彼は，「現時点では，ベックをわたしに求めないほうがよい。おまえはそれを，もうすこしあとでわたしのグルから受けたほうがよい。結婚している者にとって，この道を追求するのは容易なことではない。おまえには，ベックを受ける前に，まだ学ばねばならないことがある」と，わたしの要請を断りました。そのあとすぐに，わたしは振り子行者の一団に加わったのです。そのとき，わたしは16歳か17歳でした。

4．作詞活動

　わたしは子どものころ学校に行けませんでした。家がたいへん貧しかったからです。しかしカナイ・バブが，小学校1年生用の教科書を与えてくれました。彼がわたしに文字を教えてくれたのです。彼のおかげで読み書きができるようになったのです。

　振り子行者の一団に加わって間もなく，わたしはバウルの歌の小さな歌集を

入手しました。むつかしい単語はカナイ・バブに説明してもらいました。わたしはその歌集を何度も読みました。また，その歌集のすべての単語のつづりを何度も地面に書いて勉強しました。今でもその歌集の最初から最後まで暗唱することができます。また，歌をうたっているバウルに出会うと，わたしは彼のうたう歌をじっと聞いておぼえ，あとでうたってみました。今ではなかなかそんなことはできませんが，その当時は記憶力がよかったのでしょうね。

このようにして，バウルの歌を勉強しながら，わたし自身が作詞をするようになりました。数えたことはありませんが，今までに千曲以上は作ったと思います。

5. 息子と娘の死

わたしが 17 歳のときに，わたしたちに息子が生まれました。しかし，息子は 1 年もたたないうちに死にました。その後，わたしが 19 歳のときに娘が生まれました。しかし，その娘も 8 歳で死にました。

振り子行者の一団に参加してから，わたしはしばしば家を留守にすることがありました。息子が死んだとき，近所の人たちがわたしにいいました。「おまえさん，今のわるい習慣をやめなきゃいけないよ。父親がしょっちゅう家をあけるから息子が死んだんだ」。息子はたしかに死にました。しかし，息子の死とわたしの頻繁な外出とは無関係です。近所の人たちはそれをこじつけて，わたしの追求しはじめた道を妨害しているのだと思いました。

まわりの人はみんな，わたしの娘をかわいがってくれました。娘は生まれつき虚弱な子でした。娘は長生きできないと，ずっと感じていました。息子について娘の死も見届けるのは，親としてつらいことです。わたしは娘の臨終には立ち会いたくなかった。神はわたしの願いをかなえてくださいました。娘が死んだとき，神はわたしを娘から追い払いました。わたしは娘が死ぬ前に外出しました。そして，わたしが留守をして 12 日目に，娘は死にました。娘がイラム・バジャル病院で死んだその瞬間に，神はわたしに娘の死をお告げになりました。わたしはそのとき，娘の臨終のその瞬間に，歌を一曲作りました。

わたしの家はオジョイ川の堤防のすぐそばにありました。わたしが帰宅したとき，義理の母や妹たち，それにほかの親戚の人たちは，家の前の道端に座っ

ていました。彼らはわたしの姿を見ると泣きはじめました。わたしの娘の名はカルパナといいます。彼らはすすり泣きながら、「カルパナちゃんが死んだのよ」と、いいました。「そう、それがどうした。…それでなにか不都合があるのか。…泣くな！」と、心にもないことをいってしまいました。そしてわたしは、笑いながら家に帰ったのです。

　その時期は渇水期で、オジョイ川の水量はそれほどおおくありませんでした。わたしは河原に腰をおろし、娘の死の瞬間に作詞した歌をうたいました。悲しみを忘れるためにその歌をうたいました。川岸からわたしを見守っていた人たちは、涙をながして泣いていました。彼らを見て、わたしもまた泣きだしました。生きることもままならなかった娘の運命が、ふびんでならなかったのです。河原にひとりで座っているあいだに、娘の記憶が、次から次へとわたしの脳裏にうかびました。

　振り子行者は、以前、わたしの娘に新しいドレスを買ってくれました。何年かたって、そのドレスは古くなっていました。それは「マカル祭」[16]の前日のでき事でした。彼女はその辺を、あちこちと歩き回っていました。彼女はそのドレスを着ていました。しかし、そのドレスはまだ彼女にぴったりしていました。なぜなら、娘は生育がおそく、なかなかおおきくならなかったからです。それは夕方5時ごろでした。遊びつかれた娘が、わたしのところにやってきました。わたしはベッドに横たわっていました。彼女はわたしのうしろに来て、わたしをのぞきこんでたずねました。

　「父さん」。
　「なあに」。
　彼女は同年齢の少女にくらべてたいへん小柄だった。
　「どうして、横になっているの。おなかがすいたの」。
　「いいや。おなかはすいてないよ。今日は1年でいちばん夜のながい日だ。夜があけると、明日はおおきなお祭りだ。しかし、おまえには新しいドレスがないからね」。

---

[16] 「マカル」(makara) は、ヒンドゥー教や仏教の教典に出てくる空想上の巨魚で、ヒンドゥー天文学では十二宮のひとつとして「磨羯宮」と名づけられている。「マカル祭」(makarasankrānti) は、冬至の日におこなわれる。

彼女はわずかにうなずきました。そして，すぐに大声でさけびました。

「父さん！起きて！起きてよ，父さん！わたしのドレスのことなど，ちっとも心配しなくていいのよ」。

ヒララル・オディカリという名の「クラ・グル」(kula guru) がいました。彼のクラ・グルという身分は世襲で，彼の家は何代も前から，わたしたち一家の「宗教的ガイド」でした。娘が死んでまもなく，わたしはチョイトンノ・モハプラブの生誕地，ノディア県のノボディップ（[nɔbɔdip] Navadwip）への巡礼を計画しました。そのとき母は，「もしこの時期に，息子がノボディップに出かけたら，いったい何がおこるだろう。息子は出家をして二度と帰ってこない。嫁は一生ほうっておかれる」と，嘆きました。

そのすぐあと，クラ・グルがわたしをよびつけました。そして，「おまえは今まであちこち出かけ，しょっちゅう家をあけていたではないか。今，ノボディップへ行くことは許さない。家で謹慎していなさい」と，命令しました。そういう事情で，わたしは髪をそりおとし，自宅で謹慎していました。しかし，これはわたしにもっと苦痛を与えました。

わたしは，これから何をすべきかと考えていました。わたしたちはこの世に生まれおち，つかの間の人生をおくっています。ときには，ひとりの「バウリ」としてカーストの義務をはたすことの不条理さに抗議を表明し，しかし，すべてをわすれようと努力しながら，わたしは依然としてわたしに割り当てられた「バウリ」という地位と身分にとどまっていました。

クラ・グルは，以前，ある物語をわたしに語りました。「バウリは，最初はごく普通の地位に位置づけられていた。しかし，彼らは神々の宴会の食べ物を盗もうとしたので，バウリの地位は最低にまで降格した」。

また，クラ・グルは別の物語も語りました。「バウリは，婚礼行列の輿（こし）かつぎに雇われた。しかし帰り道，彼らはその輿を売りとばし，その金で酒をのんでしまった。さらに彼らは，神聖なものを汚したと非難するバラモンに，集団で暴行をくわえてしまった。これが，それ以後バウリを社会の最下層カーストのひとつに位置づける根拠となった」。

しかし，この不名誉なことをしでかした者たちの「物語」の責任を，わたしがとらねばならないのでしょうか。ただ，わたしが「バウリ」に生まれたとい

う理由だけで，わたしに責任があるのでしょうか。

　人は，それが何であれ，自分の「生まれ」(カースト)を拒否できないといわれています。そして，自分に割り当てられた「カーストの義務」(ダルマ dharma) をはたすのが最善だといわれています。振り子行者はこれを否定しませんでした。しかし，昔，彼はわたしにいいました。「ムチ・カースト[17]の人も，清浄になる権利がある。そして，たとえムチでも，心からクリシュナを崇拝すれば，人はクリシュナになれる」。

　わたしは，振り子行者の教えにしたがう人たちは，だれも他人のカーストに興味をもたない，ということを知りました。振り子行者のアーシュラムの名前が，「ハリジャン・アーシュラム」だということにも納得しました。わたしは，「バウルの道」を，さらにふかく追求すべきだと思いました。わたしは振り子行者に，わたしのこれからの人生について相談しました。そして，ふたたびマドゥコリの生活をはじめたのです。そのとき，わたしは27歳でした。

6. グルの道

　娘の死後，わたしは妻とともに，正式に世捨て人の生活様式を採用しました。わたしは振り子行者に，世捨て人の身分への通過儀礼である「ベック」を要請しました。わたしが10年ほど前にそれを要請したとき，振り子行者は，まだその時期ではないと断りました。しかし今回は，「今こそ，おまえはベックを受けることができる。わたしのグルのアーシュラムに，おまえを案内しよう」といって，わたしの願いをかなえてくれました。

　こうして，わたしは妻と一緒に，ビジョイ・クリシュナ・ゴスワミ師から「ベック」を受けたのです。わたしたちは師から，それぞれ新しい「ビッカパトラ」(bhikṣā pātra 乞食の鉢) を受け取りました。わたしはそれに加えて新しい「ドリ・コウピン」(daṛī koupīn ふんどし) を受け取りました。わたしたちは，心からよろこびを感じ，神に祈りました。「神よ！どうか，これ以後は，子どもを授けないでください」。

---

[17] 「ムチ・カースト」(Muchi) は，ベンガルにおける，革屋，靴屋，楽器屋などの職業を生業とするカースト。ムチ・カーストの社会的地位は，社会階層の最下層のなかでも，別格の「ボトム」と位置づけられている。

こうして，俗人「ラゾモイ・バウリ」は「パゴル・ラム・ダシュ」に，わたしの妻は「ラニ・バラ・ダシ」にと，それぞれ改名しました。彼女はそれ以後，既婚婦人の髪のわけ目の「シンドゥール」（朱印）をぬぐいさり，腕輪などの装身具もはずしました。そして，寡婦のように「白い布地の衣服」（サダ・トン・カポール sādā ṭana kāpoṛ）を身につけるようになりました。

おおくの村人が，「あれ，まあ，なんてこったね。白い衣服で，頭にシンドゥールもない。きっと夫に不幸がおとずれるよ」といって，妻を非難しました。わたしは，「もしそれが不吉というなら，災難が身に降りかかるのはこのわたしでしょう。それなら，それが本当かどうか，わたしが確かめてみましょう」と，反論しました。

いずれにせよ，わたしたちは一緒に生活していましたが，「ベック」を受けた時点から，わたしたちの夫婦関係を精算しています。わたしたちの関係は，ひとりの「バウル」と，ひとりの「バウリニ」が，一緒に生活しているだけです。それは，「夫」と「妻」という「夫婦関係」ではなく，「ナヤカ」と「ナイカー」という「恋人同士の関係」です。恋人同士の関係であるわたしたちには，もはや子孫をのこす必要がありません。いや，むしろ，子孫をのこしてはいけないのです。

このことは，村人たちにはおそらく理解できないのでしょう。わたしたちは村を去るべきだと思いました。さもなければ，わたしたちの宗教がひどい目にあう，と思いました。こうして，わたしたちはジョイデブ・ケンドゥーリ村の，かつて振り子行者が住んでいた小屋に移住したのです。（写真10参照）

おおくの人がわたしのことを，「ラゾモイは，ヴェーダの法（ヴェーディカ・ダルマ）を逸脱して，世捨て人の土地（ボイラッギャ・パラ）に行ってしまった」と，いいます。ヴェーダの法が教えることは，人生の目的は社会生活における義務（ダルマ）を遵守し，結婚して家庭生活を営むことだ，ということです。

それではいったい，何が「義務」なのでしょう。わたしの場合，バウリ・カーストに生まれましたので，わたしの義務は「他者の土地を耕すこと」でした。そして，結婚してからは，わたしの義務は「子孫をのこすこと」でした。わたしは両方とも実践しました。しかし，両方ともわたしに「苦痛」を与えま

した。

　今，わたしが歩んでいる「バウルの道」では，まずカーストの義務を放棄し，そして，神との合一を達成し神を実感することを究極目標と考えます。ここでは，わたしの義務は「神を賛美し，神を知ること」です。この義務を果たすことは，苦痛ではなく，「よろこび」です。

　わたしたちは，今ではふたりきりです。アーシュラムに食べ物がなくなれば，わたしたちのどちらかが近隣の村に出かけ，マドゥコリをします。わたしたちには，日々の生活をいとなむのにそれで十分です。わたしたちは富をもたない「乞食」です。わたしたちの唯一の財産はこの肉体です。しかし，この肉体には神が住んでおられる。それ以上に何が必要ですか。

　若いころ，わたしはさまざまな「ファンクション」に積極的に参加したものです。ファンクションというのは，社会的な行事や宗教的な祭典で開催される会合のことで，音楽会や舞踏会が催されます。今でもさまざまなファンクションが，あちこちの村で開催されています。しかし，わたしはもはや，そのようなファンクションに参加したいとも思いません。

　マドゥコリをするときに，わたしはバウルの歌をうたいません。門口で「神の名」を唱えるだけです。わたしがバウルの歌をうたうのは，今ではこのわたしのアーシュラムだけです。わたしは自分のために，あるいは弟子のために，バウルの歌をうたうのです。

　バウルの歌をうたうだけで，人はバウルになれません。バウルというのは，「バウルの道」を歩む人のことです。バウルの道の究極の目標まで到達したいと思う人は，結局は自己鍛練に努力して，バウルの「サードナ」（成就法）を実践しなければなりません。そのためには，グルの「導き」が必要です。バウルの道は「グルの道」です。

第3章　元バラモン

はじめに

　ラムプルハートは，ビルブム県北部の商業と行政の中心地である。ここは交通の要所である。ラムプルハート駅は，長距離列車の特急停車駅であり，ローカル列車の始発・終着駅である。またこの駅は，100年以上も前から，蒸気機関車の燃料や水の補給基地であり，インド国営東部鉄道の重要な保守・点検基地なのである。

　ラムプルハート駅の裏手に，スリファーラという村がある。この村には7人のバウルが住んでいる。彼らは，ふだんはそれぞれがマドゥコリの生活をしているが，ときどき音楽チームを編成しバウルの歌を音楽会で演奏する。音楽チームのリーダーは，ニッティヤナンダ・ダシュ・バウル（Nityananda Das Baul）である。ニッティヤナンダは，この地域では有名な「ガエク・バウル」（歌手バウル）である。彼の魅力的な歌だけでなく，すてきな笑顔と温厚な人柄にひかれるファンもおおい。そのニッティヤナンダが，伴奏者こみで音楽会に招待された場合に，音楽チームが誕生するのである。

　1952年生まれのオルン・ゴスワミ・バウル（Arun Goswami Baul）は，この音楽チームの太鼓奏者である。彼の出身カーストはバラモンである。以下は，この「元バラモン」が自分のアーシュラムをもつにいたるまでの物語である。

1. 少年時代

　わたしはビルブム県北部のノルハティで生まれました。わたしが2歳半のときに，妹が生まれました。しかし，母は産後の肥立ちがわるく，妹がまだ生後21日の乳児のときに死にました。母の死後，「マシ」（母の姉妹）が妹を育ててくれました。マシが出産後の授乳期だったことは，妹にとって幸運でした。わたしは母方の祖父母に育てられました。

　わたしの父はバラモン司祭者でした。母の死後まもなく，父はラムプルハートに転出し，そこで再婚しました。父はときどき面会に来てくれました。わた

しが 13 歳のとき，父は入門式の「ウパナヤナ」をしてくれ，わたしにバラモン身分を象徴する「パイタ」（paita「聖紐」）をつけてくれました。

　祖父母は熱心なボイシュノブ（ヴィシュヌ教徒）でした。祖父母の家では，毎日朝夕に，打楽器を打ちながら「神の名」を詠唱する「ナーム・キールトン」が勤行されていました。わたしも祖父母の横にすわってお勤めをしました。また年に一度か二度は，おおぜいの人に食事をふるまう「モホトショブ」（mahotsab 宗教的宴会）も開催されました。宴会に招かれるのは，ヴィシュヌ派の行者や在家の信者でした。家の中庭で，大勢の招待客が一緒に食事をする光景は，それは壮観なものでした。さらにモホトショブの日には，数人編成のプロのキールトン歌手が招かれ，「リーラー・キールトン」[18] が演奏されるのが常でした。

　祖父母はわたしを学校にやりました。わたしは勉強がきらいだったわけではないのですが，なんとなく学校になじめず，3年でやめました。学校をやめたあと，祖父母は音楽好きのわたしに，両面太鼓の「コール」（khōl）を与えてくれました。わたしはそのコールがたいそう気にいり，朝から晩まで練習しました。コールはすぐに上達しました。そうこうするうちに，プロのキールトン歌手から，コール奏者として伴奏を依頼されるようにもなりました。

　わたしが 16 歳か 17 歳のとき，祖父母があいついで死にました。祖父母の死後，わたしは父と同居することになりました。父はわたしに，バラモン司祭者としての訓練をはじめました。最初は父の指示どおり，神像に水や花，食物などの供物をささげ礼拝を行う，といった簡単なものでした。やがて，寺院や祭礼の場で詳細な儀軌にもとづいて執行する礼拝も訓練されるはずでした。

　父の家には，父，継母，腹ちがいの弟と妹が住んでいました。しかし，父の家はせまく，わたしの居場所がありませんでした。継母は何かにつけてわたしにつらくあたりました。わたしも継母のことを嫌っていました。しかし，わたしの感情を父に伝えることはできませんでした。わたしはしばしば外出しては，あてもなくラムプルハートの町をうろつくようになりました。

---

[18] リーラー・キールトン：ヴィシュヌ神の化身である牧童クリシュナと牛飼い女の恋人ラーダーとの甘美な物語は，神と人間との関係を暗示する「神の遊戯（līlā）」と呼ばれ，リーラー・キールトンの重要なモチーフとなっている。

ラムプルハート駅裏手のスリファーラ村に，祖父母と懇意だったラグナンダン・ゴスワミ師というヴィシュヌ派の行者がいました。わたしが父の家に帰りそびれたとき，しばしば師のアーシュラムに宿を求めました。わたしが「今晩とめてください」とお願いすると，師はいつもわたしを大歓迎し，アーシュラムに招き入れてくれました。

　わたしが 21 歳のとき，父が急死しました。父の後継者として，腹ちがいの弟がバラモン司祭者になりました。父の死後，わたしは父の家に寄りつかなくなりました。居心地のよいラグナンダン・ゴスワミ師のアーシュラムに，いつの間にか住みついてしまったのです。そしてごく自然に，わたしはコールをたたいて神の名を唱え，マドゥコリをして生活するようになりました。

2. バッダル・ダ

　わたしが 22 歳のとき，ふとしたきっかけで「バッダル・ダ」と友人になりました。バッダル・ダシュ・バウルのことです。わたしたちは，なんとなく馬が合い，いつも一緒でした。彼と一緒にマドゥコリにも出かけました。彼はバウルですが，門口ではバウルの歌をうたいませんでした。そこでは彼が神の名を唱え，わたしがコールをたたいて伴奏するのが常でした。

　ある日，それはサインティア駅近くの村でしたが，村びとがバッダル・ダにバウルの歌を所望し，わたしたちを中庭まで招き入れました。そのことは，べつに驚くほどのことではありません。そのようなことは今までに何回もあったからです。しかし，わたしが驚いたのは，その村びとがバッダル・ダに，今うたったバウルの歌の「真の意味は何か」と質問したことです。バウルの歌には，隠された真の意味があるのだということを，そのときはじめて知りました。わたしは今まで，バウルの歌をなんとなく聞いていたのです。それ以来，バウルの歌を意識して聴くようになりました。そしてバッダル・ダにいろいろな質問をするようになったのです。バウルの宗教や儀礼について，バッダル・ダはみずからすすんで話題にすることはなかったのですが，彼はすこしずつ語りはじめたのです。

　数ヵ月が経過しました。バッダル・ダは，わたしをジョイデブ・メラに誘いました。わたしはメラの独特の雰囲気にすっかり興奮してしまいました。そし

て，メラ終了後も興奮がさめず，さらに数日そこに滞在しました。バッダル・ダはすでにラムプルハートに戻っていました。わたしは「振り子行者」のアーシュラムで，振り子行者のことを「じいちゃん」と呼ぶ若いバウルに出会いました。彼はわたしに，「ブロフモチョルジョなしには，すべてが不可能である」と力説していました。しかし，わたしにはその意味が理解できませんでした。わたしは以前に，「ブロフモチョルジョ」（brahmacarýa）という語を父から聞いたことがありました。しかし，その語に対する父の用法は，彼のそれとはちがうように感じました。彼はたいへん印象的な人でしたが，そのときはそれ以上の関係にはなりませんでした。

　ジョイデブ・メラの数日後，わたしはラムプルハートに戻りました。そして，バッダル・ダに「ブロフモチョルジョ」という語の意味について質問しました。バッダル・ダは，バウルはその語を「性的エネルギーの制御」と解釈していると，答えました。そして，さらに次のようなことを語りました。

　「バウルの道の究極の目的は，人間の肉体に宿る神と合一し，神を実感することだ。そのためにはバウルのサードナを実践しなければならない。しかし，そのサードナを首尾よく実践するのはむずかしく，ブロフモチョルジョを成就した人だけが可能である。だからバウルは，ディッカを受けて特定のグルに入門し，グルの指導のもとにバウルの宗教や儀礼を学び，ヨーガの修行をして自己鍛練に努力しているのだ」。

　バッダル・ダからこのような話を聞くのははじめてでした。それはわたしには今まで無縁の知識でした。神と合一し，神を実感することを究極の目的とする「バウルの道」に感動しました。わたしはバウルの道を追求したいと思いました。わたしはバッダル・ダに，わたしを指導してくれる「グル」（導師）を紹介してほしいと頼みました。彼はしばらくわたしを見つめていました。そして，「わかった。君のためにりっぱなグルを探してみよう」と，いいました。

　数ヵ月が経過しました。その間，バッダル・ダはわたしの将来のグルについてひと言も語りませんでした。

3．入門式と最初のレッスン

　25歳のとき，わたしは「ディッカ」（入門式）を受けました。入門式はラグ

ナンダン・ゴスワミ師のアーシュラムでおこなわれました。バッダル・ダは，わたしのグルとしてオッドイト・ゴスワミ師を推薦してくれました。師は放浪者のような生活をしています。師はご自身のアーシュラムをもたず，弟子から弟子へと巡回しているのです。このために，バッダル・ダは師と接触するのに数ヵ月もかかったのです。

　入門式では，まず師はわたしの耳に「ディッカ・マントラ」を吹きこみました。このマントラによって，わたしは入門を許可され，彼の弟子となったのです。そのあと，師はさまざまなマントラを，次々とわたしの耳に吹きこみました。各マントラの音節ごとに，師のあとについて復唱しました。師は，それらのマントラが生涯わたしを守護するといわれました。

　翌日，師はわたしの耳に「シッカ・マントラ」を吹きこみました。このマントラによって，彼はわたしの「シッカ・グル」（宗教的トレーナー）となりました。そしてすぐに，最初のレッスンがはじまりました。

　わたしは，最初のレッスンで何を学んだのかを，今でもはっきりと記憶しています。まず師は，「バウルの道」の4つの宗教的段階について言及されました。そして，わたしが彼に入門し宗教的トレーニングを受けはじめたのであるから，わたしは今まさに，第1段階から第2段階へ進級したのだと説明されました。

　それらの4つの段階というのは，まず最初が「無知の段階」（mūrtha），第2番目が「準備の段階」（prasttati），そして第3番目が「サドクの段階」（sādhak）です。このサドク段階にはいって，修習者はサードナの実践を許可されます。そして修習者が，自分の肉体に住む「心の人」（モネル・マヌシュ moner mānuṣ）とよばれる神と合一し，神を実感したとき，最後の「成就の段階」（siddhi）に達するのです。

　最初のレッスンが終了したとき，師はわたしの指導に全力をつくすと約束されました。しかし同時に，バウルの道の究極の目標に到達するためには，わたしが「自分の精神と肉体の開拓」に努力しなければならない，と明言されました。

　オッドイト・ゴスワミ師の弟子となって以来，師は年に数回わたしを来訪し，そのたびに数日滞在されるようになりました。その間に，集中的なレッスンが

おこなわれるのです。師はバウルの歌の背後に隠された意味の説明だけでなく，ヨーガの坐法や呼吸法なども教えてくれました。

4. パートナー

　最初のレッスンから2年ほど経過しました。オッドイト・ゴスワミ師はわたしに，「準備の段階」から「サドクの段階」への進級を許可されました。そして，バウルの「サードナ」を実践するために，わたしには女性のパートナーの「サディカ」（sādhikā 女性修習者）が必要であると，チョンディダシュの物語を語りながら示唆されました。「チョンディダシュの物語」というのは，バラモン階級出身のチョンディダシュと洗濯女ラミーとの愛の物語です。

　しばらくして，わたしはラムプルハートの町で，偶然ひとりの女性とすれ違いました。彼女をひと目見るなり，心にぴんとくる不思議な感じがしました。わたしに霊感が働いたのです。わたしは何度か彼女と会う機会をつくり，「本物のバウルになりたい」という，わたしのひそかな夢を打ち明け，わたしのパートナーになってほしいと頼みました。

　オッドイト・ゴスワミ師がわたしのところにこられたとき，彼女を師に紹介しました。師はわたしたちを祝福してくれました。そして，わたしたちに「ネックレスとビャクダンの練り粉の交換式」（マーラー・チョンドン mālā candan）をするようにと提案されました。

　交換式は即座におこなわれました。それには，きめられた手順があるわけではありません。わたしは，トゥルシー[19]の茎製のわたしの「ネックレス」（マーラー）を彼女の首にかけ，彼女は彼女のものをわたしの首にかけました。わたしは，「ビャクダンの練り粉」（チョンドン）で彼女の額に印（ティラク）をつけ，彼女が同じことをわたしにしました。それで終了です。そのあと，わたしたちは一緒に食事をしました。参加者は，オッドイト・ゴスワミ師，ラグナンダン・ゴスワミ師，バッダル・ダ，そして何人かの友人たちでした。わたしたちは彼らにかこまれて幸福なカップルでした。彼女はわたしの住むラグナンダン・ゴスワミ師のアーシュラムに，その日のうちに移住してきました。

---

[19]　トゥルシーは，ヴィシュヌ派の人びとが聖草とし，崇拝の対象とする多年草。シソ科メボウキの一種のカミメボウキで，よく枝わかれし，茎の基部は木質化する。

わたしたちは同居するようになったのですが、それは、わたしたちが結婚したという意味ではありません。わたしたちの関係は、「夫と妻」ではなく、たがいに尊敬しあう「サドク（男性修習者）」と「サディカ（女性修習者）」であり、恋人同士の「ナヤカとナイカー」なのです。わたしたちの目的は、子孫をつくることではなく、サードナの実践を通じて、神を実感することなのです。

数日もたたないうちに、ラグナンダン・ゴスワミ師を尊敬する村びとが、アーシュラムにやってきました。そして、この村の何人かが、わたしのことを非難していると伝えてくれました。なぜならば、わたしが不可触民の女性と同棲しているからだというのです。わたしは、父からもらった聖紐をいつも身につけていました。聖紐はバラモン身分を象徴するものです。したがって、村びとはわたしがバラモン階級出身だということを知っていました。しかし、わたしのパートナーは、卑しい身分とされる「ドム・カースト」[20]の出身でした。オッドイト・ゴスワミ師はまだ滞在されていましたので、わたしは師に助言を求めました。

「われわれは彼女の出身カーストのことなど気にしない。しかし、もし村びとがおまえのことを不快に思うなら、おまえは彼らに迷惑をかけていることになる。おまえはそのことに敏感でなければならない。息子よ、おまえに解決策を教えよう。おまえたちは、ふたり一緒にベックを受けなさい。ゴサイ・ババ（ラグナンダン・ゴスワミ師）に、ベックを受けたいと頼んでみなさい」。

わたしたちは、ラグナンダン・ゴスワミ師から「ベック」（世捨て人の身分への通過儀礼）を受けました。彼女は、それ以後、色もののサリーではなく「白い布地の衣装」を身につけ、いっさいの装身具をはずしました。わたしは、師から新しい「ドリ・コウピン」を受け取りました。翌日、わたしはファラッカ・ダム[21]まで小旅行し、わたしの聖紐をガンガー（ガンジス川）に投棄しました。

---

[20] ドム・カースト（Dom）の伝統的な生業は、竹の「かご作り」や、穀物と籾殻をあおぎわけるうちわの「唐箕（とうみ）作り」である。これらの比較的クリーンな生業であるにもかかわらず、ドム・カースト全体は低い社会的地位を押しつけられてきた。その理由は、かつて一部のドムが、ヒンドゥー教徒の葬儀に際して、火葬用の「積み薪」を組み、点火用の「藁束と火」を喪主に手渡す役目を担っていたからである。一部のドムの不浄な葬儀の奉仕のおかげで、ドム・カースト全体が不本意ながらも低い社会的地位に甘んじているのである。

[21] 西ベンガル州とビハール州の州境で、ガンガー川をせき止めるダム。鉄道・道路橋としても利用されている。

5. カナイ・ダ

　わたしがオッドイト・ゴスワミ師からディッカ（入門式）を受けてバウルの道を本格的に追求しだしたころ，バッダル・ダは友人のカナイ・マンダルを紹介してくれました。「カナイ・ダ」のことです。カナイ・ダは国営東部鉄道に勤務する公務員でした。彼はもちろんバウルではありません。しかし彼はバウルの歌や音楽の熱烈な愛好者でした。わたしたちは馬が合い，しょっちゅう会いました。わたしの住むラグナンダン・ゴスワミ師のアーシュラムが，わたしたちの「たまり場」でした。わたしたちは，会えばいつも気楽に雑談をし，歌をうたい音楽を演奏しました。そして「ガンジャ」（マリファナ）のパイプを回すのが常でした。（写真9参照）

　それは，わたしがベック（世捨て人の身分のための通過儀礼）を受けてしばらくしてからのことです。カナイ・ダとバッダル・ダが遊びにきました。いつものように，わたしたちは音楽を演奏し，ガンジャのパイプを回しました。その日のガンジャは，ビルマとの国境に近いマニプル産のすばらしいもので，その効き目はびっくりするほどでした。ガンジャのパイプを回して何巡目だったかおぼえていませんが，カナイ・ダが何かを語りはじめました。

　「わたしは，バラモンの君に1カタ[22]の土地を寄付しよう。布施の受納はバラモンの義務であるから，寄付をしたいというわたしの申し出を，君は拒否できないはずだ。君はその土地に，君自身のアーシュラムを建てることができる」。

　わたしは，びっくりしてカナイ・ダを見つめました。「バラモン」‥「布施」‥「寄付」‥「1カタ」‥「土地」‥「アーシュラム」‥ということばが，わたしの頭のなかをぐるぐると回りはじめました。しかし，すぐにわれに返りました。カナイ・ダが，わたしの出身カーストを理由に，1カタの土地を寄付しようとしている。わたしはバッダル・ダに対してすまないと思いました。しかし，わたしはすでにベックの通過儀礼を受けていました。したがって，わたしはもはや「バラモン」ではありません。わたしはまちがいなく「世捨て人」です。バラモンや世捨て人に「布施」や「喜捨」をすることは，世俗の人間の「本分」（スヴァダルマ svadharma）と考えられています。世捨て人のわたし

---
[22] 「カタ」はインドの地積の単位。1 kāṭhā ≒ 66.88㎡。

は，カナイ・ダの申し出を拒否できないと思いました。そして，彼にいいました。

「カナイ・ダ。わたしの話を聞いてくれ。どうかその土地を「ラーダー・ゴーヴィンダ」[23] に寄付してくれよ。ラーダー・ゴーヴィンダの名で，その土地を登記してほしい。もしその土地がわたしの名前で登記されたら，わたしは物欲にとらわれて，本物のバウルになる努力をおこたるかもしれない。そうなればカナイ・ダの善意が台なしになる。どうかそうならないようにしよう」。

カナイ・ダは，わたしの提案をよろこんでくれました。わたしはバッダル・ダをちらっと見ました。彼は笑顔で賛意をあらわし，わたしにいいました。「兄弟。君はカナイ・ダの申し出を拒否してはいけない。そこに君のアーシュラムを建てたまえ。わたしもおおいに協力するよ」。わたしは，それを聞いてほっとしました。

カナイ・ダは，1カタの土地をほんとうに寄付してくれました。わたしは，材木，竹，わら，金物など，建材のすべてをマドゥコリであつめました。もちろん，バッダル・ダは，献身的に協力してくれました。こうして，わたしの「ラーダー・ゴーヴィンダ・アーシュラム」は，1980年に完成しました。そのとき，わたしは28歳でした。

---

[23] 「ゴーヴィンダ」は，「牛飼い」の意味で，クリシュナ神の名前のひとつ。「ラーダー」は，クリシュナ神の恋人となった乳しぼり娘。

第4章　宿なしバウル

はじめに

　バクレッシュワル（Bakreswar）は，ビルブム県の県都シウリの西18キロに位置する静かな町である。そこはインドに51ヵ所あるといわれる「母神座所」（シャークタ・ピート śāktapīṭh）のひとつで，シヴァ派とシャクティ派の聖地である。またそこは豊かな温泉の町として有名である。

　バクレッシュワルのナラダナンダ・ゴスワミ・バウル（Naradananda Goswami Baul）は「宿なしバウル」である。彼は一定の住所をもたず，ひとりで暮らしている。以下は，彼の語る物語である。

1. 少年時代

　わたしは，1952年，ノディア県のカリームプル村で生まれました。わたしの両親は東ベンガルのフォリドプル出身で，インドとパキスタンの分離独立のすこし前に西ベンガルに移住していました。両親がカリームプル村に定着したとき，父はそこでかなり大きな農地を購入しました。両親は老齢ですが，まだ健在です。わたしは6人キョウダイの2番目で，兄と弟，それに3人の妹がいます。

　わたしは子どものころから音楽が好きでした。わたしは学校で勉強するよりも，専門の先生について，本格的に音楽を習いたいと思っていました。わたしは母と一緒に，わたしの希望を父に伝えました。しかし，父はわたしの希望を無視して，わたしを学校に行かせました。子どもだったわたしは，父に逆らうこともできず，10年間学校に通いました。父はわたしが大学に進学するものと思っていました。しかし，わたしは大学進級試験に失敗してしまいました。父は親の期待にそむいたと，非常に怒り，「勉強が嫌いなら働け！」と命じました。わたしは，いくつかの片手間仕事をしました。しかし，一生の仕事にしたいと思えるものは見つかりませんでした。

　わたしの兄は父に従順で，つねに父の期待に応えていました。父のいうとお

り，大学を卒業し，卒業後は小学校の教員になり，まもなく父の取り決めた結婚をしました。

　わたしが19歳か20歳のとき，父は何の予告もなく，わたしの結婚の取り決めをしてしまいました。わたしは自分の結婚のことなど考えたこともありませんでした。わたしの友人には，親の取り決めた結婚に従った者が何人かいましたが，結婚生活が必ずしも幸福とは思えませんでした。本人の意向を無視した結婚は，人を家庭生活という牢獄に閉じ込めるだけだと思いました。わたしは，生まれてはじめて父に激しく抗議し，父の命令を拒絶しました。父は，「親の意向を無視するような息子は，息子ではない。出て行け！」と，どなり散らしました。

2. 自由を求めて

　わたしは父の期待するような人生にうんざりしていました。数日後，わたしは家を出ました。そしてパゴル・ビジョイ師を訪ねました。師はヴィシュヌ派の行者で，ノディア県のラナガート村にアーシュラムをもっていました。師は，わたしの住んでいたカリームプル村のだれかの家をときどき訪問していたので，わたしは子どものころから師のことを知っていました。師は会うたびにわたしをかわいがり，わたしも師を慕っていました。わたしは師に事情を話し，師のアーシュラムにしばらく滞在したいと懇願しました。師はわたしの願いをかなえてくれました。

　わたしはパゴル・ビジョイ師のアーシュラムに約1年間住み込み，ついに師からディッカを受け，彼の弟子となりました。師はわたしに，ナラダナンダ・ゴスワミという宗教名を授けてくれました。わたしは，今までの人生が終了し，新しい人生がはじまったのだ，と思いました。

　パゴル・ビジョイ師のアーシュラムに滞在中，やはりアーシュラムに住み込んでいたキョウダイ弟子から音楽の手ほどきを受けました。もともと音楽が好きだったわたしは，さまざまな楽器の演奏テクニックをすぐに覚えました。わたしは小さなシンバル（コルタール kartāl）を購入しました。ある日，わたしはそのシンバルをたたき「神の名」を唱えながら，生まれてはじめてマドゥコリに出かけました。わたしは数時間で，少なからぬ量の米と現金を集めること

ができました。それは予測をはるかに上回るものでした。そのとき，わたしは心にひらめくものを感じました。

わたしは，昔からいつもどこかへ行きたいと思っていました。わたしは自分の人生を自由に生きたいと思っていました。土地や家に執着し，家庭という牢獄に永遠につながれるのだけは避けたいと思っていました。わたしは一所不住の人生を送りたいと思っていました。わたしはバゴル・ビジョイ師に別れを告げ，聖地巡礼の旅に出かけることにしました。そのときわたしは21歳でした。わたしの聖地巡礼の旅は，およそ4年間つづきました。

3. バウルとの出会い

聖地巡礼の旅が5年目に入ろうとしていたころ，わたしは西ベンガル州のバクレッシュワルを訪ねました。バクレッシュワルは，「五十一母神座所」のひとつで，シヴァ派とシャクティ派の聖地です。しかし，ワーラーナシー（ベナレス）やガヤーのような有名な聖地とはちがい，町はひっそりとしていました。そこには水のきれいな小川が流れていました。温泉もわき出ていました。

バクレッシュワルに着いたとき，一時的に寺院に寝泊まりしている巡礼中のサードゥーの姿を見かけました。わたしは「しばらくここに滞在してもいいな」と思いました。わたしはシヴァ神を祀った寺院の片隅に，巡礼者のための小屋があるのを見つけ，そこをしばらくの宿とすることにしました。毎朝，寺院を清め神像を花で飾りました。神像に捧げられた供え物を，「おさがり」として食べることができました。何日か経過しても，わたしの寺院滞在をとがめる人はいませんでした。

バクレッシュワルに滞在してしばらくすると，この地域に数人のバウルが住んでいるのに気づきました。ときどき彼らが個別に歌をうたいながらマドゥコリをしているのを見かけました。また，ときどき彼らがグループを組み，一緒にバウルの歌や音楽を演奏していました。彼らはたがいに仲がよく，とても楽しそうにみえました。わたしはバウルの歌にすっかり魅せられてしまいました。

わたしは，過去4年間インド中を放浪し，聖地巡礼の旅を続けてきました。いつも孤独なひとり旅でした。わたしは「この4年間の旅は，あてもなくさまよい歩いていただけなのか」と，自問しました。わたしは，いくつかの楽器の

演奏はできましたが，歌はうたえませんでした。わたしはバウルの歌を習いたいと思いました。そして，バクレッシュワルのバウルの仲間に加わりたいと思いました。

　しばらくして，わたしはバクレッシュワルのバウルと顔見知りになりました。彼らは最初，わたしのことを「サードゥー」と思っていました。なぜなら，わたしはシヴァ寺院を仮の宿とする一所不住の巡礼者であり，ぼろを身にまとい，髪や髭は伸び放題，そして所持品もほとんどなかったからです。実際，彼らはわたしのことを「サードゥー・ババ」とよびかけました。しかし，わたしのライフスタイルはサードゥーのようですが，わたしは本物のサードゥーではありませんでした。もっとも，わたしがサードゥーとみなされることは，聖地巡礼の旅をつづけるには便利なこともしばしばありました。旅行中，わたしの無賃乗車をとがめた車掌はひとりもいなかったのです。しかしわたしは，「一所不住のサードゥーのような行動をやめるのは，今だ」と思いました。わたしは，バウルの歌を習いたいというわたしの希望を彼らに伝え，仲間に入れてほしいと頼みました。彼らはわたしの意外な要請に驚いた様子でしたが，「OK。君がその気なら，われわれは大歓迎だ」と，あっさりと許可してくれました。それ以来，わたしはバウルと名のり，バウルの衣装を身にまとい，バウルの歌をうたうようになりました。

4．バクレッシュワルの生活

　わたしはバクレッシュワルに約12年間住んでいますが，わたしは今だに「宿なしバウル」です。わたしはバクレッシュワル地区内のあちらこちらを，仮の宿を求めて移動しています。現在のシェルターは，バクレッシュワルの温泉を運営している「西ベンガル州鉱物資源開発公社」の入場券売り場だった小屋です。その小屋はずいぶん前から放棄されたままになっていました。わたしはその小屋を2年以上も不法占拠しています。所有権は公社にあるのですから，もし必要ならいつでも明け渡すつもりでいます。しかし，いまだにだれもわたしに「出てゆけ」とはいいません。

　わたしはマドゥコリをして生活しています。マドゥコリの生活は，パゴル・ビジョイ師のアーシュラム滞在時から続いています。しかし，わたしがマドゥ

コリに出かけるのは，週に2日か3日です。わたしが近隣の村に出かけ，数軒の家で数曲の歌をうたっていることを想像してください。数人の人がわたしに一握りの米，あるいは季節の野菜を与えてくれるでしょう。わたしは1キロか2キロの米や野菜を容易に集めることができます。そのとき，その日のマドゥコリ行動は終了です。ひとりの人間の生活にはそれで十分です。また，わたしがどこかの村の音楽会に招かれ，主催者が200ルピーの謝礼をくれたとします。そうすると，1ヵ月間，わたしはマドゥコリに出かける必要がない。わたしはそのお金で1ヵ月の生活費をまかなうことができるからです。

　わたしは以前にはよく料理をしたものです。料理は楽しいし，今でも大好きです。しかし，最近は料理をすることがほとんどありません。ある日，たまたまバクレッシュワルの食堂で夕食をとろうとしました。その食堂のオーナーは，わたしの歌が大好きでした。食事が終わってお金を支払おうとしたとき，そのオーナーがわたしにいいました。

　「君はマドゥコリをして生活している。わたしは世帯主であり，ここで金を稼いでいる。バラモン司祭者に寄付や布施をすること，世捨て人や乞食に施与することは，世帯主としてのわたしの本分（スヴァダルマ）である。世帯主であるわたしは，君のような乞食者から金をもらおうとは思わない」。

　それ以後，彼はいつもわたしに食事を無料で提供してくれます。わたしは彼に対して何の義務もありません。しかし食堂が忙しいときなどは，わたしは自発的に彼を手伝うようにしています。もっとも，そのようなことはめったになく，せいぜい月に一度か二度のことです。

　食堂のオーナーは，わたし宛の手紙を引き受けてくれています。なぜなら，わたしは「宿なしバウル」であり，わたしには住所というものがないからです。

　バクレッシュワルに住むようになってから，わたしはときどき家族と連絡をとっています。彼らはときどき手紙をよこします。しかし，彼らはわたしのことを喜んでいません。彼らはわたしのことを，いまだに放浪の旅をつづける「ろくでなし」と思っているようです。兄はわたしに，とにかく家に帰り，そこで音楽活動をすればよいではないかと，手紙で知らせてきました。しかし，家に帰れば「元の木阿弥」になることがわかっています。わたしはここでは自由です。わたしは兄への返信で，家に帰る気がないこと，そして家庭生活を営

む気がないことを，はっきりと書きました。わたしはわたしの人生を自由に生きたい。そして，わたしの神へのバクティ（信愛）を継続したい。神へのバクティを表明する歌をうたい，宗教的な人生をおくりたい。そうするために，わたしはバウルになり，マドゥコリをして生活しているのです。

　わたしがひとり暮らしの「宿なしバウル」をつづけていることに，なぜなのかと不思議に思うかも知れません。そのことについて話しましょう。

　わたしの親友のひとりに，ニタイ・ダシュというバウルがいます。彼はバクレッシュワルのアーシュラムで女性パートナーと一緒に住んでいます。ニタイは，（「振り子行者」が「孫」と呼ぶ）ゴール・ホリ・ダシュというバウルの弟子です。ニタイを通じて，わたしはゴールと知り合いになりました。ゴールは，かつてわたしに，「神というものは人間の肉体の内部に存在する」と語りました。そのことについては疑問の余地がないと思います。

　わたしはゴールの弟子ではありませんが，バウルの宗教の究極の目標は，神と合一し，神を実感することだと聞きました。また，バウルの宗教の究極の目標に到達するためには，「サードナ」（成就法）と呼ばれる宗教儀礼を実践しなければならないと聞きました。さらに，サードナを実践するためには，男性修習者は，パートナーとして女性修習者が必要だということも聞きました。しかし，人間の肉体に宿る神と合一し，神を実感するために，人間はなぜ別の人間を必要とするのかについては，わたしはまだ納得できないのです。これが，ひとり暮らしの「宿なしバウル」をつづけている，もうひとつの理由です。

第5章　10ルピー・バウル

はじめに

　ビルブム県のボルプールは，コルカタ（カルカッタ）の北西約160キロ，急行列車で約3時間の距離にある地方都市である。ボルプールに隣接するシャンティニケータンは，詩人タゴールが創設したヴィシュヴァ・バーラティ大学の所在地として有名である。

　シャンティニケータンのSP地区のゴパル・ダシュ・バウル（Gopal Das Baul, 以下GDB）は，1955年生まれの若いバウルである。彼は自分のことを「10ルピー・バウル」（daś ṭākā bāul）と呼ぶ。これは，彼のマドゥコリによる稼ぎが，1日10ルピー程度であるからだろう。

　GDBはわたしの隣人のひとりだった。最初は挨拶をかわす程度だったが，わたしのベンガル語が上達するにつれて，彼はわたしの家に毎夕のように来るようになった。その理由は，彼がわたしの本棚にバウルの歌の主要な歌集がそろっているのをみつけたからである。彼は宝物を発見したように，気にいった歌をせっせと自分のノートブックに書き写した。こうして，彼のノートブックにはバウルの歌がどんどんふえたのであるが，当時の彼は，バウルの宗教についての知識はとぼしかった。実際，彼には音楽上の「教師」はいたが，宗教上の「導師」はいなかった。彼は「ディッカ」とよばれる特定のグルへの入門式も，「シッカ」とよばれる宗教的トレーニングも受けていなかったのである。

　ところがしばらくすると，GDBは，バウルの宗教や儀礼について，しきりに知りたがるようになった。そして，わたしに質問してきた。この件については，わたしはたいへん用心ぶかく対処した。というのは，わたしはバウルの研究者であるが，わたし自身はバウルではないからである。わたしは，バウルの宗教や儀礼についての解説を，たとえ彼にはできたとしても，けっしてしてはならないと自戒した。バウルの宗教や儀礼については，彼はバウルのグルから学ばねばならないと思ったからである。

　しかし，わたしたちは毎夕の気軽な会話をおたがいに楽しんだ。そして，友

情をふかめていった。最終的には，彼はもっとも親密な友人のひとりとなった。いや，それ以上かもしれない。フィールドワークが最終段階にはいったころ，わたしは彼を，わたしのグルのアーシュラムに連れていった。わたしのグルに彼を紹介したのである。こうしてわたしたちは，導師を共有する「グル・バイ」（guru bhāi キョウダイ弟子）となったのである。（写真1, 3参照）

それ以後，彼はわたしのことを「グル・バイ」と呼びかける。彼の妻もわたしに，そう呼びかける。そして，彼らの3人の息子たちは，わたしのことを「ジェトゥー」と呼びかける。「ジェトゥー」というのは，ベンガル語の親族名称「ジェター」（父の兄）に対応する親族呼称で，「伯父さん」である。

以下は，自称「10ルピー・バウル」が，駆け出しのバウルだった頃までの物語である。

1. 幼年時代

わたしはコパイ駅近くのゴパルナガル村で生まれました。わたしは3人兄弟の末っ子でした。母は，わたしが生後3週間の赤ん坊のときに死にました。ですから，わたしは母の顔を知りません。母の死後，わたしは，「ピシ」（父の姉妹）に育てられました。

母の死後しばらくして，父は再婚しました。わたしが5歳のとき，父はわたしを学校にやりました。わたしはピシの家から通学しました。しかし，わたしが8歳のとき，ピシは不幸な死をとげました。彼女は池で水浴中に心臓発作をおこし，そのまま溺死したのです。ピシの死後，父がわたしを引き取りました。父の家には，父のほかに，継母，腹ちがいの妹がふたり，長兄と彼の妻，そして次兄がいました。

わたしが10歳のとき，父は急性肺炎であっけなく死にました。父の死後すぐに，長兄はわたしに学校をやめるように命じました。

2. 家出

父は農夫でした。わたしの家には1.5ビガ[24]（約2006㎡）ほどの農地がありました。しかし，それだけでは全員が必死で働いても，食べるだけで精いっぱ

---

[24] ビガはインドの地積の単位。1 bighā = 20 kāṭhā。1 kāṭhā ≒ 66.88㎡。

いでした。わたしも兄と一緒に田畑で働きました。しかし，わたしは農作業が不得意で，まぬけな失敗ばかりしていました。失敗するたびに，ふたりの兄にどなられました。継母と兄嫁はわたしを嫌悪していました。なぜなら，わたしがいつもひどい皮膚病にかかっていたからです。

　それは，わたしが病気で数日寝込んだときのことでした。継母と兄嫁は看病をしてくれませんでした。それどころか，わたしに食事も与えませんでした。あまりに腹がへったので，継母と兄嫁の制止を振り切って台所にはいり，食べ物をさがしました。しかし継母と兄嫁は，食べ物を不浄にしたのはわたしの責任だと，わたしを竹箒で何度も打ちました。わたしは逃げだしました。継母や兄嫁にぶたれたのは，それがはじめてではありませんでした。村の外側のマンゴー畑に座って，わたしは「かわいがってくれたピシも父も死んでしまった。ぼくはだれからも愛されていない」と，泣いていました。

　長兄がマンゴー畑で泣いているわたしを見つけました。そして，わたしのことを怠惰で反抗的だとなじり，わたしを殴りつけました。それは決定的な瞬間でした。わたしはその夜，そっと家をぬけだしました。

　家出をしたのは11歳のときでした。わたしは，自分がどこへ行こうとしているのかもわからず，ただ歩くだけでした。月が明るかったので，足元ははっきりとみえました。カシュバ運河まで来たとき，わたしはひどく腹がへっていたのだと気づきました。わたしはポケットに40ルピーほどもっていました。その金は，駄賃でもらった小銭をためていたもので，家族にも内緒の金でした。わたしは茶店をさがしました。しかし，そこはたまねぎ畑で，茶店などあるはずがありません。わたしは，おおきなたまねぎをひきぬいてそれをかじり，運河の水で口をすすぎました。橋の下に横になると，そのまま眠ってしまいました。

　夜明け前，鳥のさえずりで目がさめました。わたしは，ふたたび歩きはじめました。昨夜から歩きまわったあげく，結局はコパイ駅に来てしまいました。それは，朝の8時ごろでした。とりあえず駅のベンチに腰をおろしました。

　わたしはベンチに何時間もすわっていました。自分がどこへ行って何をすべきか整理がつかず，不安でした。何本もの列車が駅を通過しました。数本の列車がしばらく停車し，北へ，あるいは南へと，ゆっくり発車しました。夕方近

くになって、やっと、シャンティニケータンに「ママト・バイ」（母の兄弟の息子）がいることを思いだしました。わたしは次の列車に乗ることにしました。

ママト・バイは、竹製品を作る職人でした。彼は、わたしがだれか、しばらく気づきませんでした。わたしの出現にいらいらしたようすでしたが、わたしがポケットの金を全部つかんで彼にさしだすと、「ここはせまいけど、しばらくいてもいいよ」と、いいました。そして、わたしに水浴びをさせ、食事を与えてくれました。

わたしは、ママト・バイのことばを聞いてほっとしたのか、急に疲労を感じ、そのままうとうと眠りこんでしまいました。夜中、寒気を感じて目がさめました。熱があるのか背中がぞくぞくしました。わたしはそのまま高熱で数日寝込んでしまいました。

3. ララ・バブ

わたしはシャンティニケータンの上流家庭の「家事使用人」の仕事にありつきました。給料は、住みこみで月 20 ルピーでした。わたしの主人はヴィシュヴァ・バーラティ大学付属病院の歯科医で、「ララ・バブ」と呼ばれていました。彼の妻の「プスパディ」は、タゴール一族の一員でした。彼らはわたしをかわいがってくれました。

わたしの仕事は、それが何であれララ・バブやプスパディがわたしに命じたことをすることでした。すべての部屋の掃除をし、庭でつんだ花で部屋をかざりました。また料理人や庭師の仕事も手伝いました。プスパディが外出するときには、いつも彼女の従者としてお供をし、身のまわりの世話をしました。

ララ・バブはお酒が好きでした。彼は、州政府公認の「バングラ」という商標の焼ちゅうを 1 日 1 本と、酒量をきめていました。そして毎日、わたしに 1 日分のお酒を買いにゆかせました。酒の販売所はボルプール駅の近くにありました。これは楽しい日課でした。なぜなら、ララ・バブは釣り銭をいつも駄賃としてくれたからです。このおかげで、わたしは小遣い銭に不自由したことがありませんでした。また毎月、給料の全額を貯金することもできました。

ララ・バブの家に、しばしばバウルがマドゥコリにやってきました。わたしは彼らの歌が大好きでした。わたしに暇な時間とポケットに小銭があるときに

は，彼らをベランダまで招き入れ，歌をうたってもらいました。そして彼らの歌が気にいると，もう一度リクエストし，歌詞を紙に書き留めました。そして，夕食後にはコップや食器皿を小枝でたたきながら，それらの歌をうたったものでした。

　ララ・バブは中古車を購入し，お抱えの運転手を雇いました。わたしは洗車をする運転手をいつも手伝いました。また，車を整備する彼をいつも観察していました。そのうちに，簡単な作業をさせてもらうようになりました。ある日，わたしが車庫の前でタイヤの交換をしていたとき，ララ・バブが通りかかりました。彼はわたしの慣れた手つきを見て，「ゴパル。君は車が好きなようだね。もし君が運転免許証を取得すれば，ヴィシュヴァ・バーラティ大学の運転手の職にありつけるかもしれないね」と，暗示しました。

　ララ・バブは，毛並の美しい大きな犬を飼っていました。シャンティニケータン北端のコパイ南本流運河にそって野原がひろがっており，その野原で犬を散歩させるのが，わたしの日課のひとつでした。その野原へ往復する途中に，シュバシパリ村という東ベンガルからの難民村がありました。そして，その村の土地一区画に「売却中」の看板がたっていました。その土地はかなり広く，およそ5カタ（約334.4㎡）ありました。

　わたしには，その土地を買うだけの貯金がありました。しかし，その土地を買う決心をするまで，ずいぶん考えました。わたしは，住みこみの家事使用人の仕事を一生するとは思いませんでした。それが何であれ，もしわたしが別の仕事につけば，ララ・バブの家を出なければなりませんでした。わたしが一生独身のままでいるとも思いませんでした。将来は，おそらく結婚して家庭をもつだろうと思いました。熟考のあげく，わたしはその土地を購入する決心をしました。ララ・バブとプスパディは，「ゴパルがジョミンダール（地主）になった」と大喜びで，わたしを褒めてくれました。わたしはそこに，小さな家を建てました。そのとき，わたしは18歳でした。

　不幸なことに，プスパディが精神病になりました。彼女は，日に日に狂暴になりました。ほかの使用人は，すでに仕事をやめていました。プスパディは，理由もなしにわたしを棒でうちました。わたしは激痛に耐えました。彼女はわたしを育ててくれた恩人です。わたしは彼女を「育ての母」と思って敬愛して

いました。わたしは狂気になってしまった彼女を、ほんとうに気の毒に思いました。ララ・バブは、ついに自分の手におえなくなり、彼女を精神病院に入院させました。しかし、プスパディは二度と帰宅しませんでした。わたしはララ・バブが気の毒で、なんとか彼の役にたちたいと思いました。しかし、わたしは仕事をつづける気力をなくしてしまい、ララ・バブに暇をもらいました。そのとき、わたしは 19 歳でした。

4. 結婚

　犬を散歩させる途中のシュバシパリ村で、ときどき元気のない少女を見かけました。彼女はヤシの葉でかこいをした粗末な小屋のベランダに、いつも横たわっていました。彼女は小柄なかわいい少女だったのですが、わたしは、元気のない彼女のことを、「ブリ」（burī ばあさん）と呼んでいました。

　そうこうするうちに、わたしは彼女と顔なじみになりました。わたしは元気のない彼女に、「ご飯は食べたか」と挨拶がわりにたずねたのですが、彼女はいつも「食べてない」と答えるのでした。ポケットに小銭をもっているときには、「これで何か食べろよ」といって、彼女にその小銭を与えたものでした。いずれにせよ、わたしはいつも、「がんばれ！元気をだせ！」と声をかけて、彼女を励ましたものでした。

　ララ・バブの家事使用人の仕事をやめたあと、数日間、わたしはまったく外出をしませんでした。わたしが家にいてブリに会う機会がなかった間に、彼女は病気になりました。そして、彼女の父と兄がわたしの家にやってきました。彼らは、ブリが原因不明の高熱におかされて食欲もないと説明し、心安い医者を知っているかとたずねました。わたしは、ララ・バブの同僚の付属病院の医師を何人も知っていました。わたしは彼らを、名医と評判のシャンカル先生の家に案内しました。先生は患者の病状をきいたあと、わたしに錠剤をくれました。そして、すぐに彼らの家に戻りました。

　ブリはベッドで寝ていました。肩で息をし、今にも死にそうでした。わたしはブリのそばにいき、彼女の頭に水をふりかけ、「ブリ、大丈夫か。おまえのために薬をもらってきたぞ」と、声をかけました。わたしを見るやいなや、彼女はにっこりと笑いました。そして不思議なことに、薬ものまないのに、病気

は一瞬のうちになおってしまったのです。

　わたしには，ブリがほんとうに病気だったのかどうかよくわかりません。彼女の父と兄は，ブリがわたしに「恋わずらい」をしていたのだといいました。そしてさらに，彼女とわたしを結婚させようとしました。

　わたしは彼らにいいました。「ぼくは今のところ結婚するつもりはないよ。ララ・バブの仕事をやめたので，ぼくは失業中だよ。ぼくには女房のめんどうをみることができないよ。どうかブリにはほかの人をさがしてください」。

　わたしの話をきいたあと，ブリの父はわたしを諭すようにいいました。

　「わたしは貧乏で，娘に持参金をつけて嫁にやることはできません。しかし，女房のめんどうをみることについて，君は何も心配しなくてよろしい。娘はまだ14歳だ。君たちが結婚したあと，5年間，わたしが娘のめんどうをみましょう。その5年間に，君はきっと何か手職をおぼえるだろう」。

　ブリの父の話をききながら，ララ・バブがわたしに暗示したことを思いだしました。もし彼が5年間ブリのめんどうをみてくれるのなら，わたしは自動車の運転手になろう。今は運転免許証がないので，たくさんの金を稼ぐことができないが，5年もあれば運転免許証を取得できるはずだ。わたしは自分の可能性にわくわくしてきました。そして，運転手になりたいというわたしの夢を，ブリの父に話しました。彼はわたしに賛成し，できるかぎり援助の手をさしのべる，といって勇気づけてくれました。こうして，わたしはブリと結婚したのです。

　ブリの父，つまりわたしの義父は，結婚後「5年間」，わたしの妻のめんどうをみると約束しました。しかし，彼は5年間どころか，「5日間」さえ約束を守りませんでした。わたしのお金は，結婚式で全部なくなりました。結婚式のあと数日もたたないうちに，わたしは生活費を稼がねばなりませんでした。

5. 交通事故

　わたしはコンクリート・パイプを製作する工場で働きはじめました。工場には，事務や現場の従業員にくわえて，数人のトラック運転手がいました。わたしは運転手の助手として就職したのです。運転免許証のないわたしの仕事は，要するにトラックに荷物を積んだり降ろしたりすることでした。

わたしの給料は日給制で，賃金は1日につき5ルピーでした。わたしはしばしば遠方の町の得意先への配達まわりもしなければなりませんでした。しかし，助手席から運転手の操縦をずっと観察することができました。そして実際，半年もたたないうちに，運転免許証を取得することができました。経営者は，わたしをトラック運転手として正式に雇用しました。わたしの給料は月720ルピーとなりました。これは当時の月給としてはかなりの金額でした。

　工場所有のトラックは旧式のおんぼろ自動車で，どれもこれもひどい状態でした。新しい部品なしに修理するために，あのトラックの部品をこのトラックへというように，ある種の「つぎはぎ細工」をしなければなりませんでした。

　ある日，わたしは工場へ砂を運搬していました。砂の採取場からの道は，オジョイ川の土手と平行していました。いつものように，トラックは積載量をかなりオーバーしていました。突然，トラックは制御がきかなくなって道路からとびだし，街路樹につっこみ，それを何本かなぎたおしました。そのあとトラックは，ゆっくりと空中で回転し，そのまま地上に墜落しました。おぼえているのは，ここまでです。

　意識が回復したのは，病院のベッドでした。わたしは救急車で病院に搬送され，治療を受けているのだと，やっと気づきました。しかし，わたしは身うごきができず，何も見ることができませんでした。わたしの体はギブスで固定され，顔面には包帯がまかれていたからです。わたしは6週間も入院しました。骨折は回復しましたが，わたしは右目を失明しました。

　事故が発生したのは，わたしの不注意な運転のせいではありません。事故の原因は，走行中のトラックのどこかのピンが折れたか，あるいは外れたからであって，トラックそのものの欠陥によるものです。経営者は，見舞金として500ルピーくれました。しかし企業としての工場は，わたしが仕事中に右目を失明したことに対して何の補償もしてくれませんでした。わたしは工場をやめました。交通事故にあったのは，わたしが21歳のときでした。

6. 準備期間

　交通事故のすぐあとに，長男が生まれました。父親になったというのに，ちっともうれしくありませんでした。事故で片目を失明したわたしは，意気消

沈し働く気力がわいてきませんでした。ブリはわたしに，二度と自動車の運転をするなと要求しました。わたしは彼女に同意しました。わたしは彼女を寡婦にしたくない。ゆううつな日がつづきました。しかし，わたしにはのんびりとしている余裕はありませんでした。生活費を稼ぐために，とりあえずリクシャー（自転車型の人力車）の車夫になりました。リクシャー屋の親方から，1日4ルピーでリクシャーを賃借しました。料金収入と賃借料の差額が1日の稼ぎです。しかし，パンクの修理などメンテナンスの費用は，車夫が負担しなければなりません。リクシャーの車夫はだれにでもできる仕事ですが，小柄なわたしには重労働でした。

　リクシャーのペダルを踏みながら，「わたしに何ができるのか」，「わたしは何がしたいのか」と，いつも考えていました。あれこれと考えた結果，わたしはバウルになろうと決心しました。ララ・バブの家に住みこんでいたころ，バウルがマドゥコリにやってきました。わたしはよろこんで彼らの歌を聞きました。彼らのように，歌をうたいマドゥコリをして生活しようと思いました。わたしの歌を聞きたいと思う人がきっといるはずだ，と思いました。

　バウルの弦楽器「グブグビ」を自分で作りました。家の近くに，ちょうど手ごろなヤシの木が，落雷にうたれてそのまま放置されていました。それを適当な長さに切断し，何日もかかって中をくりぬきました。あとは楽器屋に革をはってもらい完成しました。さっそく練習をはじめました。しかし，それをひとりで練習するのは無理でした。まず基本を，音楽教師について習わなければならないと気づきました。

　タルトール村のシブ・ダシュが名のりをあげてきました。彼とはそれほど親密ではありませんでした。しかし，彼がヴィシュヴァ・バーラティ大学の庭師で，ときどきシュバシパリ村のだれかの家で，大声でうたっているのを知っていました。シブ・ダシュは，わたしにいいました。「おれは庭師の仕事をしているので，金には困っていない。週末に，おれは無料で教えてやるよ。ところで，おまえはレッスンのあと，どんな食べ物を提供してくれるのだい」。わたしは，彼が希望するものを提供するといいました。すると，彼はわたしに，焼ちゅうのバングラを1本ほしいと要求しました。当時，バングラ1本の値段は6ルピーでした。わたしは，高い月謝だなと思いましたが，彼の要求どおりバ

ングラを1本，レッスン後に提供することに同意しました。

　シブ・ダシュは毎週火曜日の夕方にやってきました。ヴィシュヴァ・バーラティ大学は水曜日が休日なので，火曜日が彼の週末なのです。彼はわたしにグブグビの演奏のしかたを，「テレ・ケテ・ケテテ」や「ディダ・ディク・ティン」など基本的なリズムから教えてくれました。彼はバウルの歌だけでなく，ベンガルの民謡もよく知っていました。彼が1曲うたうごとに，わたしは歌詞をノートブックに書きこみました。わたしのノートブックは，またたくまにそれらの歌でいっぱいになりました。しばらくして，わたしは，彼が「元バウル」[25]だということを知りました。いずれにせよ，わたしはシブ・ダシュから，グブグビの演奏法と歌をならったのです。わたしは徐々に自信がついてきました。

　25歳のとき，わたしはリクシャーのペダルを踏むのをやめ，バウルの道の第一歩をあゆみだしました。わたしはマドゥコリの生活をはじめたのです。（写真1参照）

7. 最初のファンクション

　ある日，わたしはバンパス駅の近くの村々でマドゥコリをしました。しかし，その日はたくさんの喜捨を集めることができませんでした。ビラ村の池に隣接してマンゴー畑がありました。マドゥコリのあと，わたしはマンゴーの木の下にすわり，ノートブックをひろげて，小さな声で歌詞を口ずさんでいました。

　ふとノートブックから目をそらしたときに，ふたりの紳士が自転車でとおりすぎようとしていました。彼らはわたしの姿に気づいてとまり，自転車のサドルに腰かけたまま，なにか話をしていました。もちろん，わたしには彼らの声

---

[25] シブ・ダシュ自身，「わたしはバウルだったが，もはやそうではない」と語った。彼は，小さい時に両親を失い，子どものいなかった母の兄に育てられた。伯父は，ヴィシュヴァ・バーラティ大学に，庭師として勤めていた。シブ・ダシュは4年間学校に通ったが，勉強が好きではなかったのでやめた。そのあと仕事にもつかずブラブラとした生活をしていた。退屈しのぎの趣味として，シャンティニケータンに隣接するシュリニケータンのバンカシャン・ダシュ（Bankasyam Das Baul）という名のバウルに歌を習いはじめた。彼が18歳か19歳のとき，彼は伯父のもとを離れ，バウルのライフスタイルを採用した。彼はバウルの衣装を身につけ，村から村へと放浪し，人家の門口で歌をうたい，マドゥコリをして生活をするようになったのである。そのとき，彼は確かに「バウルの道」を歩みはじめた。そして，バウルの生活が10年ばかりつづいた。しかし彼は，伯父が死んだと同時に，「バウルの道」を歩むのをやめてしまった。彼は，伯父の家屋敷と大学のお抱え庭師の職を，そっくり相続したのである。

はきこえませんでした。彼らは自転車からおりて，こちらに近づいてきました。そして，わたしに尋ねました。

　「君はどこから来たのかね」。

　「わたしはシャンティニケータンに住んでいます」。

　「ところで，君はここで何をしているのかね」。

　「わたしは，ここに座っているだけです」。

　「なぜ，ここに座っているのかね」。

　「この近くの村でマドゥコリをしたあと，すこし休憩しているのです」。

　「なるほど。君は村びとから喜捨を受けとった。それでは聞くが，君は村びとに，喜捨の返礼として何を与えたのかね」。

　「わたしはグブグビを演奏し歌をうたいました」。

　「君はバウルかね」。

　「わたしはバウルの道を歩んでいます」。

　「君はバウルの歌がうまいのかね」。

　「まあまあです」。

　「ところで，君は自分の音楽チームをもっているのかね」。

　「はい，もっています」。

　しかし，これは事実ではありません。わたしは自分の音楽チームをもっていませんでした。しかし，わたしの返事をきくやいなや，彼らはわたしに，一緒に来てほしいといいました。そして，紳士のひとりが，わたしを自転車の荷台に座らせました。わたしは，このあと何がおこるのかと心配しました。彼らは，「ゴヴィンド・ゴラ」（「クリシュナ神の部屋」）と呼ばれる集会場に，わたしを連れて行きました。

　ふたりの紳士は，「ここで，すこしお待ちください」といって，集会場のなかに入って行きました。まもなくふたりの紳士は，入り口で待っていたわたしを集会場に招き入れました。集会場では，数人の紳士がにこやかに談笑していました。

　紳士のひとりが，わたしに尋ねました。

　「明後日，わたしたちはここで集会をひらきます。そのとき，君は自分の音楽チームと一緒に歌をうたうことができます。わたしたちは，すばらしいバウ

ルの歌をききたいと思っています。君は出演料としていくらほしいですか」。

「もし250ルピーいただけるなら，わたしは自分の音楽チームを連れてきましょう。わたしたちは，すばらしいバウルの歌をみなさんのために演奏いたします」と答えました。彼らはそのことに同意しました。

「それでは，君がどの程度うたえるのか，ひとつ聞かせてもらえませんかね」と，彼らはいいました。

わたしは1曲うたいはじめました。「三途の河原で，何がみえたか。孔雀がおどる，蛇と蛙のように……」。彼らはさらに求めましたので，わたしは2曲目をうたいました。「五体満足に生まれたけれど，わたしは人間になれなかった。何という運命が，わたしをまちうけていたのか。ああ，神よ！　わたしにはさっぱりわかりません……」。

2曲目をうたいおわったときに，お茶がはこばれてきました。お茶をのみながら，紳士のひとりが，わたしにいいました。「わたしたちの約束の証拠金として，今，君に5ルピーお支払いしましょう」。

しかし，わたしはいいました。「わたしは演奏の前に，いっさいお金をいただきません。しかし，もしわたしたちの合意について紙に書いてくださるなら，わたしはそれをいただきます。わたしは演奏終了後に，約束のお金をいただきたいと思います」。彼らは納得していいました。「わかりました。それでは，明後日の夕方6時までに，ここに来てください」。

さて，わたしは「自分の音楽チーム」の手配をしなければなりませんでした。翌朝，わたしは，シタラムプール村のミヒル・ダシュ・バウルを訪問しました。彼は歌がうまく，彼自身の音楽チームをもっていました。わたしは彼に，もし音楽チームこみで演奏するなら，出演料としていくらほしいかとたずねました。彼は150ルピー求め，わたしはそれに同意しました。「わたしたちは『タラピィティ・パッセンジャー』に乗車しなくてはなりません。明日，午後3時に，プランティック駅に集合してください。お願いしますよ」と念をおして，彼とわかれました。

わたしの急ごしらえの「音楽チーム」は6人編成でした。ミヒル・ダシュ・バウル，ミヒルの弟のカシ・ダシュ・バウル，太鼓奏者，ハルモニウム奏者，竹笛奏者，そしてわたしでした。

この演奏旅行の場合，音楽チームのリーダーはミヒル・ダシュですが，契約はわたしを通じてです。したがって，演奏旅行の必要経費，たとえば交通費，お茶代，そして数パックの「ビリー」（小型巻たばこ）代などは，わたしが負担しなくてはなりません。しかし，わたしにはそのお金がありませんでした。わたしは，家の台所に備蓄されていた3キロの米を売却し，真ちゅう製の食器皿を質に入れました。こうして，わたしは旅行に必要な金額をなんとか都合しました。

　わたしたちは，5時頃に会場につきました。ふたりの紳士は手をふってわたしを歓迎してくれました。彼らのひとりが，わたしに50ルピーわたそうとしました。そのお金は前金だと思いました。

　「いいえ，それはいけません。お金は演奏が終了してからいただきます」。

　「いいえ，誤解しないでください。総額の250ルピーはそのままです。このお金は，あなたへの祝儀です」。

　わたしは納得し，ありがたくいただきました。お茶と「ムリ」（米を煎った軽食）がはこばれてきました。会場に人が集まってきました。開演の6時半には満員の聴衆となりました。わたしたちは夜10時まで演奏しました。演奏のあと，彼らはわたしたちに食事をふるまってくれました。その夜，わたしたちはそこに一泊しました。ふたりの紳士はわたしに合計300ルピーくれました。わたしはミヒル・ダシュに150ルピー渡しました。そして150ルピーが，わたしの手元にのこりました。人生最初のファンクションは大成功でした。

　わたしは，音楽チームを組織するのは利益になるビジネスだと思いました。実際に，何度か音楽チームを組織したことがありました。しかし，わたしが音楽チームのリーダーシップをとれるようなタイプの人間ではないと，すぐに気づきました。先輩バウルにうまく対応するのはむずかしいことで，苦い経験もしました。わたしは，音楽チームを二度と組織してはならないと自戒しました。わたしは金もうけをするためにバウルの道を歩むようになったのではない。わたしにはマドゥコリの生活のほうがふさわしい。わたしは「10ルピー・バウル」なのですから。

第6章　グラメール・バウル

はじめに

　ショナトン・ダシュ・バウル（Sanātan Dās Bāul）は，1923年生まれの老バウルである。彼の愛用のエクターラには，「グラメール・バウル」（grāmēr bāul「ムラのバウル」）と書かれた小さな布きれが，誇らしげにはりつけられている。これは，彼の活動の中心がカルカッタのような大都会ではなく，ベンガルの田舎の村々である，という彼の自負を表明したものである。実際，彼の住むバンクラ県のコエルブニ村は，バスや鉄道の路線からはずれた，辺ぴな村である。そこは雨季には道がぬかるみ，リクシャーも入れないようなところである。

　しかし，この自称「グラメール・バウル」は，今日もっとも有名なバウルのひとりである。彼はバウルの歌やダンスがじょうずなばかりではなく，バウルの宗教や儀礼にも精通している。しかし彼にとっては，音楽的技量や宗教的知識に卓越したバウルになるのは容易な道のりではなかった。以下は，自称「グラメール・バウル」の物語である。

1. 少年時代

　わたしは東ベンガルのクルナ県のラクプール村で生まれました。わたしの父はバウルでした。3歳のとき，わたしは家族とともに西ベンガルにやってきました。父は，チョイトンノ（チャイタニヤ）の生誕地ノボディップで「ラーショ・ジャトラ」（rāsa yātrā）という祭を見物したかったのです。ラーショ・ジャトラは，クリシュナとラーダーの踊りを祝う祭典で，カルティク月（10-11月）の満月の夜に行われます。しかしどういうわけか，父は祭が終了したあとも，東ベンガルに帰ろうとはしませんでした。わたしたちは西ベンガルだけでなく，各地の聖地をたずねて旅行しました。プリー[26]，ガヤー[27]，ヴリン

---

[26] プリー：インド東部，オリッサ州のベンガル湾に面する宗教都市。ジャガンナート寺院の所在地。

[27] ガヤー：インド東部，ビハール州中部の宗教都市。ヴィシュヌ神をまつるヴィシュヌ・パド寺院の所在地。

ダーヴァン，マトゥラー[28]などの聖地です。そして最終的に，わたしたちは西ベンガルのフグリ県のマグラ近くの村に定着しました。そのとき，わたしはすでに5歳でした。わたしたちの聖地巡礼の旅は2年間もつづいたのです。

　旅にでる前，わたしたちは祖父母と同じ屋敷地に住んでいました。別棟に住む父母は年子の弟の世話にいそがしく，わたしはずっと母屋の祖父母と寝食をともにしていました。聖地巡礼の旅行中も，わたしは祖父母が恋しくてたまりませんでした。フグリに定着してからも，わたしは祖父母に会いたいと両親にせがみました。ついに父は，ちょうど東ベンガルのクルナ県に出かけようとしている知人に，ラクプール村の祖父母のもとに，わたしを送りとどけるように頼んでくれました。こうして，わたしは14歳まで9年間，祖父母と住むようになったのです。

　祖父は，野外で上演されるオペラの一種で，クリシュナ神の一生を再現する「クリシュナ・ジャトラ」(kriṣṇa yātrā) 一座の興行主でした。祖父の一座は「少年音楽隊」と呼ばれていました。少年音楽隊は，その名のとおり，声変わりする前の少年たちによって編成されていました。

　祖父はたくさんの歌を知っていました。クリシュナとラーダーの物語を詠唱する「キールトン・ガン」(kīrtan gān) や，もともと船頭によってうたわれた「バティヤリ・ガン」(bhaṭiyāli gān) などを，次々と教えてくれました。また芝居の演じかたも教えてくれました。わたしは芸事の勘がよく，祖父の教える歌や芝居の「こつ」をすぐにつかみました。7歳か8歳のころには，わたしは祖父の一座で，もっとも歌のうまい歌手であり，芝居のじょうずな俳優でした。

　わたしが13歳か14歳のころ，祖父は一座を運営するのに苦労するようになりました。当時の東ベンガルは騒然としていました。ライオット（暴動）がおこると公演はただちに中止されました。近隣の村々からの公演依頼は見ているうちに減少しました。祖父は，以前なら辞退していた遠方の村からの公演依頼も，無理をしてでも受諾するようになりました。そのような場合には数日の巡業となってしまいます。しかし，一座のメンバーのほとんどは小作人階級の子

---

[28] マトゥラー：デリーの南約140km，聖河ヤムナー沿いにある古都。北隣のヴリンダーヴァンとともに，クリシュナ神話・信仰の聖地ブラジャ地方の中心都市。

どもたちです。彼らは，それぞれ自分の家でしなければならない日課があります。

　ある日，メンバーの父親が祖父のところにやってきました。「ゴサーイ（師匠）。おまえさんが自分の一座を巡業するのはいいけれど，家畜の世話はいったいだれがするのだい。おまえさんは，うちのウシやヤギも巡業に連れて行ってくれるのかい」と，いいました。そして，一座のメンバーが，ひとりまたひとりと退団しました。ついに祖父は，ある村からの公演依頼を受諾していたにもかかわらず，一座を巡業させることができませんでした。

　祖父は，「孫よ。困ったことになった。一座を維持するのがむずかしくなった。いったい，どうしたらいいと思うかね」と，わたしに相談しました。わたしは，「こんな危険な仕事はやめたほうがよい」と進言しました。当時，東ベンガルではライオットがあちらこちらで発生していました。そのたびに多数の死者がでました。わたしは，父母の住むフグリに帰ろうと思いました。西ベンガルでは，まだライオットが少ないと聞いていたからです。

　フグリに帰る列車のなかで，ひとりの盲目のバウルと知りあいました。彼はアナンタ・カナ・ダシュと名のっていました。彼はじょうずな歌手ではありませんでしたが，すばらしい「ドターラ」（dotāra）奏者でした。ドターラは，「二弦」という意味ですが，実際には四弦の音色の美しい楽器です。わたしは彼のドターラの腕まえにすっかり魅了されてしまい，しばらく彼と一緒に行動をすることにしました。昼間は，列車や町で稼ぎました。わたしが歌をうたい，彼がドターラで伴奏をしました。夕方には，わたしは盲目の彼のために料理をし，夜には彼がわたしにドターラの演奏を教えてくれました。彼とは2ヵ月ほど一緒だったと思います。その間にわたしのドターラの腕まえもずいぶん上達しました。

　父と再会したのは9年ぶりでした。驚いたことに，父はバウルをやめて商人になっていました。香辛料をあつかう店を経営していたのです。父の店はけっこう繁盛していました。しかし，父のグブグビはほこりをかぶり，ドターラの金具はさびついていました。父の変身はショックでした。しかし，「これは父の人生なのだ。父の人生は，世の中のさまざまな人生のひとつなのだ。それはそれで，他人がとやかくいう問題ではないのだ」と，思うようになりました。

第6章　グラメール・バウル　67

　わたしはプロの歌手として徐々にみとめられるようになりました。何人もの興行主が，一緒にやらないかと勧誘にきました。わたしは音楽では多芸でした。バティヤリ・ガン（船頭の歌）やキールトン・ガン（クリシュナとラーダーの物語の歌）だけでなく，ラーマヨン・ガン（rāmāyaṇ gān 叙事詩ラーマーヤナの物語の歌）など，どんなリクエストにも即座に応じることができました。

　わたしはソロの歌手としては自信があったのですが，ほかの演奏者と一緒のときは，彼らとの人間関係に苦労しました。わたしは伴奏が気にいらなければずけずけと文句をいってしまいます。たまにはお世辞のひとつもいわなければならないのでしょうが，わたしにはそれができないのです。わたしはほかの演奏者から孤立してしまいました。彼らはわたしの伴奏をするのを拒否するようになったのです。そのとき，わたしは16歳になっていました。

2．祖父の助言

　わたしは，歌手としてのわたしの将来を相談するために，東ベンガルの祖父をたずねました。祖父に会うのは2年ぶりでした。わたしは，歌手としての能力には自信があるが，伴奏者との人間関係については自信をなくしたと，祖父に話しました。祖父はわたしの話を聞いて，しばらく考えていました。そして，ゆっくりとした口調で，わたしに助言を与えてくれました。

　「偉大なロビ・タクール（詩人タゴール）の影響で，バウルの歌と音楽が再評価されている。もしおまえがひとりで演奏したいのなら，バウルの歌をためしてみなさい。足首につけたグングール[29]は，リズムをとるのにもっとも便利な楽器だ。おまえはエクターラを片手で演奏できる。しかし，一弦のエクターラの音量はおおきくないので，腰にゆわえたドゥギー[30]を，もう片方の手で演奏して，ふたつの楽器を一対としなさい。あるいは，エクターラとドゥギーにかえてグブグビかドターラで，おまえの歌におまえ自身が伴奏しなさい。これらはバウルの音楽にとって基本的な楽器だ」。そして祖父は，彼の愛用のエクターラとドゥギーをくれました。祖父はさらにつづけていいました。

　「愛する孫よ。わたしのいうことを注意して聞きなさい。バウルは，バウル

---

[29] グングール（ghuṅur）：鈴を数珠のようにひもで連ねた楽器。
[30] ドゥギー（ḍugī）：半球形の陶器に革をはった小さな太鼓。

の歌をうたいバウルの音楽を演奏している。しかし，彼らは単なる音楽家ではないのだよ。彼らを注意ぶかく観察してごらん。彼らは宗教的な「乞食」なのだ。マドゥコリの生活はバウルの宗教的義務なのだ。このことを，しっかりと心にとどめておきなさい。そして，バウルの歌が何を語りかけているのか，よく考えなさい」。

　祖父の話を聞いているあいだに，ドターラの演奏法を教えてくれた盲目のバウルと，バウルをやめて商人となった父のことを，かわるがわる思いだしました。わたしは祖父の助言にしたがって，バウルになろうと決心しました。

3. ブラジャバシ

　父の家の近くにヴィシュヌ派の寺院がありました。散歩の途中，しばしばその寺院をたずねました。そして，ときどき寺院で礼拝しているりっぱな導師を見かけました。わたしは，師のお名前がナンダ・ゴパル・ゴスワミ師であること，師はふだんウッタルプラデーシュ州のヴリンダーヴァンに住んでおられること，師はヴィシュヌ派の導師としてときどきこの寺院に来られること，人びとが師のことを「ブラジャバシ」[31]と呼んで尊敬していること，そして師はたしかにりっぱな方だということを知りました。

　わたしは師に，わたしの家族はボイシュノブ（ヴィシュヌ教徒）であること，わたしがバウルになりたいという希望をもっていることを話しました。そして，師にディッカ（入門式）を受けたいと，お願いしました。そのとき，師は言われました。

「君は結婚しているのかね」。

「いいえ，していません」。

「もし君が生涯結婚をしないなら，君はこの宇宙の歴史を永遠に理解できないだろう」。

　さらに，師は言われました。

「もし君が宇宙の歴史を理解したいとのぞむなら，結婚をして妻と一緒に永遠の礼拝をしなければならない。結婚後は，君のシッカ・グルからクリシュナの霊的な愛と，クリシュナとラーダーのリーラー（神の遊戯）を学びなさい」。

---

[31] 「（クリシュナが幼年時代をすごした）ブラジャ地方に住む導師」という意味。

そのとき，わたしには師のことばが理解できませんでした。しかし，師は入門を許し，わたしに「ショナトン・ダシュ・バウル」という名前をつけてくれました。そのとき，わたしは17歳でした。それ以後，わたしは自分自身をバウルと名のり，ゲルア色（黄土色）のバウルの衣装を身にまとい，バウルのような生活をはじめました。村から村へと放浪し，歌をうたいながら一軒一軒マドゥコリをして生活をするようになったのです。

4. 結婚

ブラジャバシは，ビシャカ・ボイシュナビというヴィシュヌ派の女性行者と懇意でした。彼らは「共謀」して，わたしの結婚をまとめようとしました。彼らは「8歳の少女」の花婿として，「28歳の男性」を選んだのです。

その少女が生後6週間の乳児のとき，彼女の母は毒蛇にかまれて死にました。彼女の父は，ヴィシュヌ派の男女の行者，すなわちビシャカ・ボイシュナビとクリシュナ・ダシュのアーシュラムに，赤ん坊のミルクがほしいと懇願しました。アーシュラムでは数頭の牛を飼育していたのです。彼らは赤ん坊にミルクを与え，母親がわりに世話をしました。しかし，不幸なことに，その子の父親も急病で死にました。行者はこの乳児を養女にし，育てることにしました。しかし，その子が6歳になったとき，男性行者のクリシュナ・ダシュが死にました。

ビシャカ・ボイシュナビは，その当時，初老の女性でしたが，けっして老婆ではありませんでした。クリシュナ・ダシュの死後，おそらく彼女は養女の将来だけでなく，自分の老後のことも心配になったのだと思います。その問題の解決策として，彼女は養女の結婚をまとめることにしました。彼女のアーシュラムで「同居してもよいという花婿」をさがしはじめたのです。彼女はブラジャバシなどに相談したようです。いろいろな経過をへて，彼女は養女の花婿候補としてわたしを選んだのです。そして，バルドマン県のチャクナーラ村のアーシュラムへ視察をかねて来訪してほしいと，ブラジャバシを通じてわたしに要請してきました。

わたしは，友人を同行してそのアーシュラムを訪問しました。ビシャカ・ボイシュナビは，「できるだけ長いあいだ，ここに滞在してくださいね」と，わ

たしたちを心から歓迎しました。わたしたちはそこに3日間滞在しました。昼間には，歌をうたいながら村中の家を一軒一軒マドゥコリし，その村を観察しました。

　2日目の夕方，同行の友人が感想をのべました。「あの少女と結婚しろ。あの子はかわいいじゃないか。母親もかなりの年だ。アーシュラムもわるくないぜ。おまえにとっては，すべての点で満足できるのではないかと思うよ」。

　3日目に，わたしはこの縁談について口火をきりました。

　「マー・ゴサイ。もしわたしがあなたの要求を満たす人物なら，わたしは彼女と結婚することに同意します。ただし，ひとつだけ条件があります」。

　「息子よ！わたしが探していたのは，あなたのような男性です。わたしはあなたが要求するどんな条件にも同意します」。

　「わたしはバウルです。わたしは常に自由でありたい。わたしは，どこかに行きたいと思えば，それがどこでも，すぐに出かけたい。どうか，わたしが常にここにとどまっているとは思わないでください。わたしには，それはできません」。

　彼女はわたしに同意しました。そして，結婚式は1951年のスラボン月（7-8月）におこなわれました。スラボン月は「ジュラン・ジャトラ」[32]のある月です。わたしは，ビシャカ・ボイシュナビがほんとうにわたしのつけた条件に同意しているのかを，確かめてみたくなりました。婚礼の数日後，わたしはビシャカ・ボイシュナビにいいました。

　「ジュラン・ジャトラを見物したいので，ヴリンダーヴァンに行こうと思います」。

　「あなたに約束したとおり，あなたはどこにでも行けますよ」。

　「ヴリンダーヴァンには，妻のミラを連れて行こうと思います」。

　ビシャカ・ボイシュナビは驚いて，一瞬たじろいだようすでした。

　「連れて行くのはいいけれど，あの子はまだ小さな子どもなのよ。子どものあつかいになれていないあなたに，あの子のめんどうを見ることができますか。ヴリンダーヴァンのような遠いところへの巡礼は，道中きびしいことがおこる

---

[32] 「ジュラン・ジャトラ」（jhulan yātrā）は，クリシュナとゴピーたちのブランコ遊びを祝福する祭典。

のがふつうなのですよ」。

「わたしは旅なれているのでだいじょうぶです。もし何かあっても，わたしが責任をもって処理しますから」。

ビシャカ・ボイシュナビは，それ以上なにもいいませんでした。さっそく翌日に，わたしはミラを連れて出発しました。チャクナーラ村からラシュルプール駅まで歩き，そこからローカル列車でバルドマンに行きました。バルドマン駅で「デリー・エキスプレス」に乗り換えマトゥラー駅まで行きました。そこからはバスでヴリンダーヴァンへ行きました。

ヴリンダーヴァンに到着したとき，わたしは3ルピーの現金と約2キロの米と約1キロの小麦粉をもっていました。お金や食料がなくなれば歌をうたって稼ごうと，愛用のドターラを持参していました。

この旅は，ビシャカ・ボイシュナビが予想したように困難の連続でした。ヴリンダーヴァンは，ジュラン・ジャトラ見物が目的の巡礼者であふれかえっていました。わたしはミラの手をひいて歩くのですが，彼女は人ごみにくたびれて，すぐにぐずりだします。わたしはミラを抱きかかえたり，肩車をしたりしてあやしました。ヴリンダーヴァンには数日滞在しただけなのですが，わたし自身もすっかり疲れてしまいました。

帰路のマトゥラーからの列車は，たいへん混雑していました。お金も食料もなくなっていましたが，列車のなかで歌をうたって稼げるような状態ではありませんでした。しかも列車は大幅におくれ，パトナ駅に到着したときは深夜でした。わたしはパトナで列車を乗り換えようと，ぐったりしているミラを抱きかかえて待合室に行きました。わたしたちは朝からなにも食べていませんでした。しかし，歌をうたって稼ぐには時間がわるい。待合室のほとんどの旅客は，ベンチや床で寝ていました。わたしも疲れていたので眠ろうとしたのですが，なぜか目がさえて眠れませんでした。

ひとりの紳士が，わたしのドターラを見て，ヒンディー語で話しかけてきました。

「サードゥー・ババ。ラーマ・バジャン（rāma bhajan）[33]をご存じですか」。

「ええ，少しはね」と，わたしもヒンディー語で答えました。

---

[33] インドの大叙事詩『ラーマーヤナ』の主人公ラーマの活躍を題材にした歌。

「それはいい。ご存じなら，どうぞうたってください。わたしはあなたのラーマ・バジャンを聞きたいと思います」。

わたしが，よろよろとドターラをかかえて，ラーマ・バジャンをうたいはじめようとしたとき，その紳士がいいました。

「サードゥー・ババ。失礼ですが，食事はおすみですか」。

「いいえ」。

わたしは，わたしたちがヴリンダーヴァン巡礼の帰路であること，マトゥラーからの列車が身うごきできないほど混雑していたこと，列車がおくれパトナに到着したのが深夜になったこと，したがって歌をうたって稼ぐことができなかったことなどを，正直に話しました。それを聞いて紳士は，「わかりました。ちょっとお待ちください」と，待合室から出ていきました。

まもなく紳士は「ルチ」[34]と「シンガラ」[35]をかかえて，待合室に帰ってきました。「どうぞ，まずは召し上がってください」と，それらを提供してくれました。そして，お茶売りをよびとめ，ミルクティーをふるまってくれました。ごちそうになったあと，わたしは数曲のラーマ・バジャンをうたい，その紳士とわかれました。

わたしたちは，バルドマン経由ハウラー行きの列車に乗車し，朝までぐっすりと眠りました。バルドマンからローカル列車に乗り換え，ラシュルプール駅に到着したのは昼すぎでした。まず茶店にはいり，店の主人にビシャカ・ボイシュナビの「娘婿」のショナトン・ダシュであると名のり，代金はあとで持参するので，ミラに何か食べさせてほしいと懇願しました。店の主人は，ビシャカ・ボイシュナビの名前をきくと，「ああ，あなたがビシャカ・ボイシュナビの義理の息子さんですか」と，すっかり信用してくれました。わたしは，この地域における彼女の信用が絶大であると感じました。そして，ビシャカ・ボイシュナビを疑って，ミラを連れてヴリンダーヴァンに出かけたことを恥ずかしく思いました。

ヴリンダーヴァン事件以後，わたしはビシャカ・ボイシュナビのアーシュラムに腰をおちつけるつもりでした。しかしわたしは，人びとがわたしのことを

---

[34] ルチ (luci)：小麦粉を練ってバターで煎餅状にあげたパン。

[35] シンガラ (siṅgāṛā)：小麦粉を練った皮のなかに野菜や肉をつめて油であげたスナック。

「ゴル・ジャマイ」（ghar jāmāi）と呼ぶのではないかと、心配になってきました。「ゴル・ジャマイ」というのは、「妻の実家に居候をきめこんだ男」のことです。「ゴル・ジャマイ・ショナトンは、財産目あてに少女と結婚した」と風評が立てば、わたしには耐えがたい屈辱です。

わたしは、ブラジャバシとビシャカ・ボイシュナビの「共謀」にまんまとのってミラと結婚し、ビシャカ・ボイシュナビのアーシュラムに同居したことを後悔しました。わたしは一刻もはやく、どこかへ移住したいと思いました。

5. コエルブニ村

1952年のファルグン月（2−3月）のことです。ナディア県の「ゴシュパラ・メラ」（Ghoshpara Mela）[36]の会場で、わたしはバンクラ県のコエルブニ村の人たちと出会いました。彼らはわたしの歌をたいそう気にいり、わたしにいいました。

「コエルブニ村のアーシュラムの祭が、ゴシュパラ・メラの5日後に開催されます。わたしたちのアーシュラムで、あなたの歌をもう一度きかせてください。お待ちしています」。

わたしは彼らの要請に応じて、約束の日時にコエルブニ村を訪問しました。彼らはわたしを心から歓迎してくれました。アーシュラムの祭が終了し、彼らと挨拶をかわしているときに、彼らはいいました。

「ショナトン・ダ。わたしたちの村に引っ越しませんか。あなたはこのアーシュラムで何の不自由もないでしょう。あなたはこの村だけでなく、近所の村々でも歌をうたいマドゥコリをすることができますよ。村びとたちは、きっとあなたの歌を好きになるはずです。どうぞ、ここに家族を連れて来てください」。

わたしは、コエルブニ村に移住しないかという提案に、興味をそそられました。わたしはビシャカ・ボイシュナビのアーシュラムに戻り、彼女に詳細を説明しました。そして、彼女を彼らのアーシュラムに連れて行きました。

---

[36] ゴシュパラ・メラは、18世紀の中頃にベンガルで成立した新興宗教「カルタバジャ派」（Kartabhaja）の祭典で、大きな市がたつ。ゴシュパラ・メラは、ファルグン月の満月の日に行われるヒンドゥー教の春の祭典「ホリー（Holī）」と同じ日に開催される。

彼女はアーシュラムをみて,「まあ,なんてすてきなところなのでしょう。ここはサマジ・バリ(共同体施設)なのね。わたしたちは,今まさにこの共同体の活動に参加しようとしているのね」と,いいました。こうして,わたしたちはコエルブニ村のアーシュラムに住むようになったのです。

約1年間,わたしたちはそのアーシュラムで生活しました。しかし,どういうわけかアーシュラムのオーナーはわたしを誤解し,わたしに腹をたてました。彼は,わたしが誤解をとこうと釈明すると,弁解ばかりしていると,また怒りだす始末です。わたしたちの関係はすっかりこじれてしまいました。わたしは彼のアーシュラムに住むのはもはや困難と判断し,ビシャカ・ボイシュナビのアーシュラムに戻ることにしました。しかし,わたしたちが出発するその日の朝に,村びとがやって来て,みんなでわたしを引き止めたのです。

「ショナトン・ダ。わたしたちはあなたの歌が大好きです。あなたにこの村にいてもらいたい。この村には,だれも使用していない土地があります。その土地はわたしたちのものです。あなたはそこに,あなたのアーシュラムを建てることができます。わたしたちは現金をさしあげることはできませんが,その敷地と必要な建材を提供することができます。それでは不十分ですか」。

もちろん,わたしは彼らの提供を,よろこんで受けいれました。そしてすぐに,壁土をはこぶための牛車を借用しました。彼らは,材木や竹,わら,建具や金物などの建材を無償で提供してくれました。それは粗末な泥壁の小屋でしたが,わたしは,自分のアーシュラムをもつことができたのです。そしてわたしは,コエルブニの村びとたちのおかげで,名実ともに,「ゴル・ジャマイ」と呼ばれる心配から解放されたのです。そのとき,わたしは30歳でした。

6. ニタイ・ケパ

1953年は,わたしの人生にとって忘れることのできない年です。わたしは,コエルブニ村にわたし自身のアーシュラムを設立することができました。また,「ショナムキ・モホトショブ (Sonamukhi Mahotsab)」[37]にもはじめて参加する

---

[37] バンクラ県ショナムキで開催される「盛大な祭典」(マハー・ウトショブ mahā utsaba) で,「ショナムキ・モホトショブ」の見ものは,その名のとおり,目を見張るようなモホトショブ(宗教的大宴会)である。祭の期間中,ショナムキ周辺のヴィシュヌ派のアーシュラム主催の宴会が,次から次へと開かれる。

ことができました。そして，わたしにとってより重要なことは，ショナムキ・モホトショブの期間中に，わたしが偉大なニタイ・ケパ（Nitai Khepā）の弟子となったことです。ビシャカ・ボイシュナビが，わたしたちの師弟関係を仲介してくれました。

　ニタイ・ケパは，ビシャカ・ボイシュナビの「キョウダイ弟子」でした。ビシャカ・ボイシュナビは，わたしにとって「母のような人物」です。したがって，ニタイ・ケパは，わたしの「ママ」（māmā 母の兄弟）でもあるのです。実際，ビシャカ・ボイシュナビが，ショナムキ・モホトショブのような祭の人ごみのなかでニタイ・ケパを見つけたとき，彼女はさけびました。

　「ほら，ご覧。息子よ，ご覧。あそこにわたしのダダー（dādā 兄）がやってくる。あの人は，おまえのママなのよ」。

　ショナムキ・モホトショブの期間中，ニタイ・ケパはショナムキ周辺のアーシュラムに，わたしたちを案内してくれました。彼はいくつものアーシュラムに招かれ，歌をうたうように要請されていたのです。わたしはニタイ・ケパの歌にすっかり魅了されてしまいました。はじめて本物のバウルの歌をきいたような気がしました。わたしは彼に，弟子にしてほしいとお願いしました。ニタイ・ケパは，しばらくわたしをじっと見つめ，「よし，わかった。おまえをバウルとして鍛えてやろう」と，わたしを弟子として受けいれてくれました。

　ニタイ・ケパのアーシュラムは，バルドマン県のベタルボン村にありました。わたしはニタイ・ケパに弟子入りして以来，彼のアーシュラムに頻繁に通うようになりました。そのたびに数日滞在するのが常でした。彼のアーシュラムに通うようになって，わたしは大枚をはたいて自転車を購入しました。なぜなら，彼のアーシュラムまで，徒歩では4時間以上もかかるからです。その英国製の自転車は今でも愛用しています。こうして，わたしのニタイ・ケパ通いは彼が亡くなる1983年までつづきました。

　ニタイ・ケパのアーシュラムで，わたしが朝一番にしなければならないことは，ガンジャ（マリファナ）をもみほぐして，朝の一服を用意することでした。師はガンジャが好きで，朝から晩まで吸っていました。ニタイ・ケパと一緒にいるときは，わたしの手のひらに豆ができるほどでした。

　ニタイ・ケパのアーシュラムに滞在中，午前中の1時間か2時間，マドゥコ

リに出かけました。わたしはマドゥコリで稼いだものを二等分し，半分を師に与え，残りの半分を自分のものとしました。わたしには扶養家族がいたからです。「マタジ」（「母上」，すなわちニタイ・ケパのパートナー）が食事の世話をしてくれました。しかし，水くみ，まきわり，草むしりなどアーシュラムの力仕事はすべて，わたしがしなければなりませんでした。アーシュラムで飼育していた数頭の牛の世話も，わたしの仕事でした。ときには，師の使い走りもやりました。さらに，師が沐浴するときには，身体や足に油をぬり，マッサージをしました。このような師に対する弟子の義務をすべて終えて，やっと歌を1曲お願いすることができるのです。

歌を教えてもらうとき，ニタイ・ケパはいつも1行か2行を口述し，わたしに筆記させました。わたしはそれをノートブックに書き留めるのですが，なかなか先に進みません。「うーん，次の行を思いだせないな。息子よ。わたしが次の行を思いだそうとしているあいだに，ガンジャを用意しなさい」と，すぐに中断してしまいます。しかし，こうしてガンジャを吸飲し，しばらく休憩をして，またレッスンを再開したものでした。

わたしは，ニタイ・ケパから数おおくの歌を習いました。しかし，彼はきびしい先生でした。1曲の歌を習うのに，しばしば数ヵ月も要しました。彼はわたしの歌に納得するまで，けっして新曲を教えてくれませんでした。彼はわたしがまちがうたびに，わたしをステッキでなぐりつけました。たとえわたしが彼のアーシュラムに到着したばかりでも，わたしの歌に不満があると，わたしをアーシュラムから追い出しさえしました。「そんな下手な歌など聞きたくもない。もう1週間，みっちりと練習してこい」。昼夜関係なく，わたしはコエルブニ村に帰らねばなりませんでした。そして，何度もその曲を練習しなければなりませんでした。そして1週間後，彼の前でその曲をうたうのです。数ヵ月のそのようなきびしい練習をへて，ようやく彼は次の曲に進むのでした。

「おまえの歌に満足したわけではないが，まあ，新しい歌を教えてもよいだろう」。

ニタイ・ケパがわたしに教えようとしたことは，ただ歌の歌詞だけではなく，全体としてのバウルの音楽でした。彼がわたしにくりかえし強調したことは，ひと言でいえば，「シュール（sur 節，メロディー）を組み立てよ」というこ

とです。「シュールは歌詞よりも重要なのだ。もしおまえがシュールを把握したなら，おまえはその曲を自動的にうたえるだろう。歌詞はおまえの記憶から自動的にでてくるものだ。息子よ。まずシュールを勉強しなさい」。

わたしがニタイ・ケパから学んだことは，「ニタイ・ケパの音楽」です。ニタイ・ケパは，「バウルの音楽」そのものでした。わたしはさらに，足首につけたリズム楽器のグングールをいかに効果的に使用するかを学びました。つまり，彼からバウルのダンスを徹底的に仕込まれたのです。

ニタイ・ケパがわたしを「バウルとして鍛える」といったとおり，彼はバウルの歌や音楽やダンスだけでなく，バウルの宗教の真髄も教えました。彼は「人間の肉体は，真理の容器」というバウルの信仰に言及し，「人間の肉体と宇宙との関係」について説明してくれました。彼はさらに，人間の肉体には，宇宙を構成する五粗大元素，すなわち「地」「水」「火」「風」「空」が，すべて存在すると説明してくれました。

わたしが結婚した少女が成長してくるにつれて，ニタイ・ケパは，バウルの「サードナ」（成就法）についても語りました。わたしは懸命に努力しましたが，このサードナを首尾よく実践するのはむずかしく，わたしは連続して失敗してしまったのです。わたしが3人の子どもの父親なのは，そのせいなのです。次男が生まれたとき，ニタイ・ケパはわたしにいいました。

「息子よ。おまえはヨーガの修行をしなければならない。わたしの親友のところへ，おまえを送りこもう。彼からヨーガをみっちりと教えてもらいなさい」。

7. モノホル・ケパ

プルリア県のモノホル・ケパ（Monohar Khepā）は，わたしに一連のヨーガを教えてくれました。それは，「性的エネルギーの制御」のために体系的にくみたてられていました。レッスンは彼の部屋で，ふたりだけでおこなわれました。しかし，このヨーガの「こつ」を身につけるのはむずかしく，わたしはふたたびバウルのサードナに失敗したのです。

娘が生まれたと報告したとき，彼はおだやかに，しかしきっぱりといいました。

「おまえはまた同じ失敗をしでかした。子どもはもうたくさんだ」。

わたしは，まるでモノホル・ケパに破門されたような気がしました。

「師よ！どうかもう一度チャンスを与えてください。もしふたたび失敗をしたなら，わたしはこの宗教を追求するのを断念いたします。わたしがバウルであるとは，けっして主張いたしません」。

わたしは真剣でした。わたしは心の底から，モノホル・ケパにそう懇願したのです。わたしは最初からヨーガを練習しなおしました。

数ヵ月が経過しました。わたしはついに，サードナを首尾よく実践する自信をえたのです。ひとつのことを会得するのに，ずいぶん長い年月を要したものです。わたしの報告に，モノホル・ケパはたいそう喜んで，わたしをだきしめて祝福してくれました。

「おお，愛する息子よ。おまえはついに「生と死と，再生の鎖」（輪廻）から解放された。おまえは，たった今，本物のバウルとなった。さて，今こそ，おまえに新しいドリ・コウピンを与えてもよいだろう」。

彼はしっかりとわたしを抱擁し，わたしのあふれる涙を手のひらでぬぐってくれました。そのとき，わたしはすでに45歳になっていました。

8. バウルの歌の大曲

1960年代の中頃のことだったと思います。わたしはモノホル・ケパから一通の手紙を受け取りました。その手紙には，「プルリア県のある村で祭があり，そこで7夜連続のバウルの歌のファンクションが開催されるので，ぜひ参加するように」と書かれていました。わたしは，尊敬するモノホル・ケパの要請ですので，「よろこんで参加します」と返信しました。

さて，その村に到着して，とんでもないことを引き受けてしまったと後悔しました。「7夜連続のファンクション」と聞いていたので，わたし以外にも何人かのバウルが出演するものと思っていました。しかし，わたしに課せられていたのは，わたしひとりで，一晩3時間，しかも7夜連続でバウルの歌をうたうことでした。わたしはすっかりうろたえてしまいました。しかし，モノホル・ケパの要請で来たのですから，逃げ出すわけにはゆきません。

とにかく，初日をどう乗り切るかを必死に考えました。1曲につき3分ない

し4分かかるとしても，3時間では50曲の歌が必要です。しかし，いくらなんでも3時間で50曲連続うたいっぱなしというのは不可能です。そこで，10曲あまりの歌をえらび，歌と歌のあいだに「語り」をくわえ，全体としてひとつのストーリーにまとめてみようと思いつきました。

　ベンガルの村びとたちは，「リーラー・キールトン」が大好きです。リーラー・キールトンのプロの歌手は，クリシュナ神と牛飼い女のラーダーとの甘美な物語を，歌と即興の語りで演じ，3時間ないし4時間の舞台をつとめています。少年時代，わたしは祖父に，野外オペラの「クリシュナ・ジャトラ」で鍛えられた経験があります。その経験をいかし，いくつかのバウルの歌を組み合わせ，語りでつないでリーラー・キールトンのように構成することを思いついたのです。「これならば3時間の舞台をなんとかこなせる」と自分を励まし，必死で初日の舞台をつとめました。

　わたしはなんとか7日間の舞台をこなしましたが，それは冷や汗の連続でした。ファンクションが終了し，帰路モノホル・ケパのプルリアのアーシュラムをたずね，一部始終を報告しました。そして，「ひとりで7夜連続のファンクションとはひどいじゃないですか」と，抗議しました。モノホル・ケパは，「あれ，おまえひとりだと手紙に書かなかったかね」と，とぼけてニヤニヤしています。そして，わたしにいいました。

　「ショナトン。おまえが冷や汗をかきながら経験したことは，バウルの歌と音楽にとって革命的なことなのだ。機転がきくおまえのことだから，なんとかすると確信していたが，おまえはわたしの期待に応えたようだ。いくつかのバウルの歌を組み合わせ，語りでつないで全体としてひとつの物語にまとめるというのは，まさにわたしの意図していたことなのだ。わたしはおまえに，友人のクリシュナ・ダシュ・ババジ（Krishna Das Babaji）を紹介しよう。彼と相談して，バウルの歌の大曲を作りなさい。これは，おまえにしかできない仕事だ」。

　クリシュナ・ダシュ・ババジは，タントリズムの系統に属するショホジヤー派の行者ですが，宗教文学の研究者であり，また偉大な作家でもありました。わたしは彼に，ベンガルになじみのふかい人物の伝記や物語などを，庶民にわかる平易なことばで書いてもらいました。それらを題材にストーリーを相談し，数曲から十数曲のバウルの歌を組み合わせ，短いもので40分，長いものでは

3時間の大曲にまとめました。こうして「チョンディダシュと洗濯女ラミーの物語」,「ビルバモンゴルと遊女チンタモニの物語」,「チョイトンノ・モハプラブ伝」などの大曲が完成したのです。この作業は,クリシュナ・ダシュ・ババジが亡くなる1973年までつづきました。

9. ヴィシュヴァ・バーラティ大学の後援者

　ヴィシュヴァ・バーラティ大学主催の「ポウシュ・メラ」(pouṣ melā) に,わたしがはじめて出席したのは1953年のことです。ニタイ・ケパは,大学から招待状を受けとったのです。

　「息子よ。ロビ・タクールのバウル・メラが,ポウシュ月（12-1月）の7日にシャンティニケータンで開催される。わたしはその日に都合がつかないので,おまえが代理で出席しなさい。大学のホリ・バブが,おまえのめんどうを見てくれるはずだ」。

　わたしはメラの前日にシャンティニケータンに着いたのですが,ホリ・バブはたいへん忙しく,彼の家でずいぶん待たねばなりませんでした。彼に会えたのは夜になってからでした。わたしは彼に,グルの代理でシャンティニケータンに来たことを話し,ニタイ・ケパが大学から受けとった招待状を見せました。ホリ・バブは,わたしにバウルの歌をうたうように求めました。わたしの歌を聞いて,彼は驚いたようすでいいました。

　「ショナトン・ダ,やりましたね。わたしたちはあなたにも招待状を送ることにしましょう。これからは,どうぞ毎年メラに来てください」。それ以来,わたしの名前は「招待バウル」としてリストアップされています。

　その年のメラには,数人のバウルが出席しただけでした。そこには,ノボニ・ケパ,トリバンガ・ケパ,ディナボンドゥ・ダシュ・バウルなどの有名なバウルがいました。それからあと何人か,わたしの知らないバウルがいました。

　最初のポウシュ・メラ出席から数年後のことですが,カルカッタで「ベンガル文化祭」が開催されるようになりました。わたしは,その祭典に招待された数人のバウルのひとりでした。「シャンティ・バブ」[38]が,文化祭の出演者選定

---

[38] ヴィシュヴァ・バーラティ大学音楽学部のシャンティデヴ・ゴーシュ教授のこと。詩人タゴール直系の最後の弟子。

委員会にわたしを推薦してくれたのです。シャンティ・バブは，一度，わたしに貴重な助言を与えてくれたことがあります。

「ショナトン。もし君が尊敬に値するバウルになりたいのなら，君はいつもそれにふさわしい歌をうたわねばなりませんよ。聴衆に迎合するような歌をうたってはいけません。このことを，胆に命じておきなさい」。

わたしは，シャンティ・バブの議論には説得力があると思いました。そういえば，ニタイ・ケパは，いつもバウルの宗教や儀礼にもとづいた「トット・ガン」（tattva gān）をうたっていました。ニタイ・ケパは，ことば遊びの楽しい「ショブド・ガン」（śabda gān）を聴衆からリクエストされても，「そんなむずかしい歌は知らないよ」と，とぼけて，うたおうとはしませんでした。わたしは，シャンティ・バブに助言されて以来，常に「トット・ガン」をうたうように心がけています。たぶん，シャンティ・バブは，わたしの努力を正当に評価してくれたのだと思います。

1966年に，わたしはボンベイで開催された祭典に招待されました。わたしは，西ベンガル以外の土地でのそのような盛大な祭典にはじめて出席したのです。シャンティ・バブの弟のショリル・バブが，バウルの歌の演奏会の進行責任者でした。シャンティ・バブが，わたしをショリル・バブに推薦してくれたのです。その当時，ショリル・バブは，『アノンド・バジャル・ポットリカ』[39]という新聞の記者をしていました。彼はわたしに，手紙にそえて，カルカッタからボンベイまでの片道の交通費を郵便為替で送金してくれました。手紙には，ボンベイのヴィクトリア駅まで迎えに行くので，ハウラー駅の電報局から，わたしが乗車する列車を通知するように，と書かれていました。

ハウラー駅には早朝に到着しました。ボンベイゆき列車のチケットを購入したあと，その足で駅の電報局に行きました。わたしは，やはり電報を打ちに来ていた紳士に，「旦那！夕方の列車にのるんですけど，すみませんが，この人に電報を打ってもらえませんかね」と，ショリル・バブの住所を渡して依頼しました。電報文はローマ字なので，わたしは自分で電報を打てなかったのです。

ボンベイに到着したとき，わたしのほかにも3人のバウルが招待されているのを知りました。わたしは彼らと一緒に，インド・ユナイテッド銀行のホール

---

[39] 西ベンガルの有力日刊紙。英語とベンガル語で発刊。

やマハーラーシュトラ州知事の公邸などで毎日バウルの歌を演奏しました。

わたしはボンベイに7日間滞在しました。ショリル・バブはわたしをヴィクトリア駅まで送ってくれました。そして，ハウラーまでの列車のチケットと，祭典でのわたしの演奏に対する報酬として100ルピーくれました。

1970年のポウシュ・メラでのシャンティ・バブのことばが，わたしのラジオ出演のきっかけとなりました。

「『アカシバニ』[40]のスタッフがシャンティニケータンに来たんだけれど，君は民俗音楽部門の歌手として，オーディションを受けてみる気はないかね」。

わたしは，ぜひラジオに出演したいと，希望をつたえました。それを聞いて，シャンティ・バブは手紙を書いてくれました。その2ヵ月ほど後に，「貴殿のオーディションは，アカシバニにおいて，これこれの予定で実施する」という旨の手紙を受け取りました。オーディションでは，バウルの歌をたった1曲うたっただけでした。それからまた2ヵ月ほど後に，わたしがオーディションに合格したという旨の手紙を受け取りました。それ以後，3ヵ月に一度，わたしの番組がアカシバニで編成されるようになったのです。わたしは，15分あるいは20分の番組で，3曲ないし4曲の歌をうたうのが常でした。

1972年，わたしはデリーのラルケッラで開催された音楽祭に招待されました。わたしは特急列車でデリーにゆき，そこで4日間滞在しました。しかし，わたしに課せられた15分間の出番で，数曲の歌をうたっただけでした。わたしは「バウルの歌の経済的価値」に気づきました。主催者はわたしを招待するために莫大な出費をしました。それには，わたしの出演料やわたしのデリーでの滞在費，特急列車を利用しての交通費などをふくみます。これらの費用が，わたしの数曲の歌でまかなわれていることに気づいたのです。

1970年代のなかごろから，わたしはときどき外国公演の招待を受けるようになりました。イギリスやフランス，アメリカ合衆国や日本などからの招待です。しかし，わたしは海外公演の招待をすべて辞退しました。なぜなら，わたしは「バウル・グループの一員」として処遇されたからです。主催者はいつも世話人を派遣しました。彼らはいつも，まず最初にカルカッタやシャンティニケータン地域で何人かのバウルに打診し，そしてそのあと最後に，交通の便の

---

[40] インド国営放送カルカッタ放送局のベンガル語名。「天空からの神の声」の意味。

よくないコエルブニ村にやってくるのです。彼らはいつも主催者の命令書を提示し，消極的なわたしを説得しました。それには，「バウル・グループには，バンクラのショナトン・ダシュ・バウルを含めること」と，ありました。しかしわたしは，彼らがすでにバウル・グループを手配しており，しかもグループのリーダーはカルカッタに移住したプールノ・チョンドロ・ダシュだということに気づいていました。なぜ，わたしがプールノと一緒に行かねばならないのですか。わたしは，彼のグループの一員として海外公演に参加したいとは思いません。これが，わたしが外国公演を辞退してきた理由です。

1983 年の秋，わたしは，ヴィシュヴァ・バーラティ大学音楽学部教授でバンクラ出身のコニカ・バナルジ女史から速達の手紙を受け取りました。その手紙には，「大至急シャンティニケータンを来訪するように」と書かれていました。わたしが彼女を訪問したとき，彼女はわたしにいいました。

「ショナトン・ダ，よい知らせよ。イギリス政府は，バウル・グループをロンドン公演に招待したいと思っているの。そして，イギリス人女性がバウル・グループを選ぶために，ポウシュ・メラにあわせてシャンティニケータンにやってくるの。あなたにとって絶好のチャンスだと思うわ」。

「せっかくですが，わたしはそのグループの一員としてロンドンに行きません」。

「ちがうのよ，ショナトン・ダ。あなたは勘ちがいしているわ。イギリス政府は，あなたのグループを招待するのよ。彼らは正式な招待の前に，あなたに面会したいと思っているのよ。あなたは 4 人編成の音楽チームを組織しなければならないの。グループのリーダーはショナトン・ダ，あなたでなければならないのよ」。

わたしは，「今こそ，ロンドンに行くべき時がきた」と思いました。イギリス人女性は，ほんとうにポウシュ・メラにやってきました。コニカ・バナルジ女史は，わたしのために自邸で音楽会を開催してくれました。彼女の邸宅には，小さいけれども趣味のいい常設の舞台が建設されました。イギリス人女性は，わたしたちの演奏をたいそう気にいってくれました。

こうして 1984 年の春，ロンドン公演に招待されたのです。そして，1987 年にはパリ公演に，1991 年にはアメリカ合衆国公演にも招待されました。

今ふりかえってみると，わたしを鍛えてくれたニタイ・ケパと，シャンティ・バブやコニカ・バナルジ女史などのヴィシュヴァ・バーラティ大学の先生方のおかげで，わたしはインド国内の大都市だけでなく，ロンドンやパリ，シアトルでもバウルの歌をうたうことができました。しかし，わたしは今，ふたたび「グラメール・バウル」です。

　わたしは今でも，週に2回か3回は，近所の村々に出かけ，マドゥコリをしています。わたしはそれを習慣にしています。マドゥコリの生活は，バウルの「ダルマ」（宗教的義務）です。村に出かけるとき，わたしは次男を連れていきます。村に到着すると，わたしは道路にそって，小さなシンバルをたたき「神の名」を唱えながら歩きます。次男は太鼓をたたいて伴奏します。マドゥコリをしているとき，わたしは戸口で立ち止まらないことにしています。姿をみなくても，村びとは声を聞いて，わたしがマドゥコリをしているとわかります。わたしに何かを施与したいと思う人は，ひと握りの米や季節の野菜をもって，よろこんで戸口に出てきます。わたしも，よろこんでそれをいただきます。そして，たまたま施与する時間のない人は，それをわたしの次回の訪問まで保管しておいてくれます。わたしは，忙しい人に喜捨を強要したくない。これが，わたしが戸口で立ち止まらない理由です。

　わたしは，招かれないかぎり村びとの家に入りません。しかし，もし歌を所望されたら，そのときは家に入りバウルの歌をうたいます。もちろん，わたしは彼らとお茶をのんで，おしゃべりも楽しみます。それは，「グラメール・バウル」にとって，ほんとうに楽しいひとときです。

第7章　歌姫の息子

はじめに

　ビルブム県ボルプール市のビシュワナート・ダシュ・バウル（Biswanāṭh Dās Bāul）は，1938年生まれの初老のバウルである。彼がマドゥコリの生活をはじめたのは，インド独立のころである。彼は，独立後のベンガル社会の急速な変化の影響を受けながら，バウルとしての人生を歩んできた。以下は，彼の物語である。

1.　父母のこと

　わたしは，ビルブム県のサラシャ村で生まれました。わたしはそこで，母と兄と一緒に生活していました。母のジョグマヤ・ダシは，クリシュナ神の賛歌キールトンの名人でした。実際，あちこちのアーシュラムの祭に招待されてキールトンをうたうプロの歌手でした。母は「キールトンの歌姫」（kīrtaner rānī）と呼ばれるほど華やかで，歌手としてたいへん人気がありました。

　わたしの父パンチャナン・ムカルジは，ビルブム県のコータ・シルシュ村で，わたしたちとは別に住んでいました。父はそこに，別の家庭をもっていました。父の実家は，最高位にランクされた由緒ある家柄の「クリン・バラモン」で，かなりの農地を所有していたようです。しかし，父は財産と家庭を捨て，バウルの道を追求するようになりました。父はパンチャナン・バウルと名のり，エクターラとドゥギーを演奏しながら歌をうたい，村から村へと放浪する生活をはじめたのです。

　厳格な祖父にすれば，若いころからあちこちと外出し，結婚後もおちつかず人気歌手と恋仲になり，あげくのはてに妻と子を捨ててバウルになった父は，とんでもない「放蕩者」だったようです。しかし父にすれば，規則でがんじがらめのクリン・バラモンの生活と，意思に反した結婚生活をつづけることは，「耐えがたいこと」だったようです。

　わたしが9歳のとき，オジョイ川が氾濫し大洪水が発生しました。わたした

ちの住んでいたサラシャ村の家も流されてしまいました。わたしたちは，サラシャ村からボルプール駅の裏手のシュンリパラに移住しました。まもなく，パンチャナン・バウルとなった父が，その家に移住してきました。やっと同居できるようになったのですが，わたしたちの生活は急に貧しくなったような気がしました。

2. マドゥコリの生活

　わたしは子どものころから音楽が好きで，母からたくさんの歌を習いました。そして，ときどきやってくる父からも，歌や楽器の演奏法を教えてもらいました。

　わたしはシュンリパラに移住した頃から，経済的に自立しています。わたしは愛用のグブグビをいつももっていました。わたしがボルプールの道を歩いていると，茶店で休憩しているおとなたちが，わたしをよびとめます。「へーい！こっちへおいで。こっちに来て歌をうたっておくれ」。わたしがうたいおわると，彼らはいつも2〜4アナ[41]の小銭をくれました。わたしはまだ少年でしたが，1日に2〜3ルピー稼ぐことができました。それは，日常生活をまかなうのに十分すぎるほどの金額でした。そのお金で好きなものを食べることができましたし，ときには衣服を買うこともできました。当時はすべての物価が安かった。

　わたしの家はボルプール駅に近く，マドゥコリに出かけるにはほんとうに便利なところです。ボルプール駅はたいていの列車がとまります。わたしは鉄道沿線の村々だけでなく，列車のなかでも稼ぐことができます。

　子どものころ，わたしは村でのマドゥコリよりも，列車のなかで歌をうたって稼ぐほうが好きでした。というのは，村で受け取るのは米や季節の野菜などの重くてかさばる「現物」ですが，列車のなかではもっぱら「現金」だからです。しかし，おとなになってからは，列車のなかでうたうよりも，村でマドゥコリするほうが好きです。

　その理由のひとつは，列車のなかがいつも騒々しい雰囲気にあるからです。列車はガタゴトと音をたてて走ります。わたしが歌をうたっていても，さまざ

---

[41]　1アナ（ana）は，16分の1ルピー

まな物売りがそれぞれ大声をはりあげて，わたしのそばをとおりすぎます。列車のなかは，歌い手のわたしにとっても，聴衆の乗客にとっても，十分な環境ではありません。

　もうひとつの理由は，列車のなかでは不特定多数の正体不明の乗客を相手に歌をうたわねばならないからです。おおぜいの乗客のなかには喜捨をしたくない人もいるでしょう。それでもその人は世間体をはばかって，20パイサか25パイサの小銭を与えるでしょう。しかし，わたしがどこかの村のだれかの家の中庭でうたっている姿を想像してごらんなさい。そこには数人の聴衆しかいないけれど，彼らはわたしの歌をじっと聞いてくれる。そして，わたしの歌に満足した村びとは，ひと握りの米をよろこんで与えてくれます。それは，列車のなかの不本意な小銭よりもはるかにうれしい。

3．グル

　わたしは若いころ，偉大なモノホル・ケパから入門式の「ディッカ」を受けました。モノホル・ケパとは，以前から何度もジョイデブ・メラでお目にかかっていました。わたしがモノホル・ケパに弟子にしてほしいとお願いすると，モノホル・ケパはその場でわたしにディッカ・マントラを授けてくれました。
　わたしは，ゴーヴィンダ・ダシュ・ゴスワミ師から，世捨て人の身分への通過儀礼の「ベック」を受けました。この通過儀礼は父と母が準備してくれました。師は予定された日時にわたしの家にこられました。師は髪をそりおとしたわたしに，新しい「乞食の鉢」と「ドリ・コウピン」を授けてくれました。そしてわたしに，「これからは，マドゥコリをして生活の糧を得なければならない。それは，おまえに許された唯一の方法である」と，いわれました。しかしそのとき，「グルの教えをまもるのは，それほどむずかしいことではない」と思いました。なぜなら，わたしはすでマドゥコリをして生活していたからです。
　このようにして，ディッカとベックの通過儀礼を受けたのですが，わたしの人生でもっとも大事なグルは，おそらくシッカ・グルのトリバンガ・ケパでしょう。トリバンガ・ケパは，人びとから「ケパ・ババ」と呼ばれて尊敬されていました。わたしは子どものころからケパ・ババのことを知っていました。なぜなら，ケパ・ババのアーシュラムで「モホトショブ」などの祭が開催され

るたびに，わたしの母が招かれ，そこでキールトンをうたうことになっていたからです。母からも，ケパ・ババがりっぱなバウルだということを聞いていました。

わたしは20歳すぎからしばらく，深刻に悩んだ時期がありました。クリン・バラモンの父とキールトン歌手の母とのあいだに生まれたわたしは，いったい何者なのだろうか。バウルの衣装を着て，バウルの歌をうたっているけれど，わたしはほんとうにバウルなのだろうか。このまま中途半端な人生をつづけてよいのだろうか。そうかといって，字も満足に読み書きできないわたしにできる仕事など，ほかにあるはずがありませんでした。あれこれ悩んだのですが，結局は，わたしにはマドゥコリをするしか生きていく方法がないと痛感したのです。「マドゥコリの生活は，飢えよりましだ」と気づいたのです。そして，バウルとして生きてゆくなら，グルの指導のもとにしなければならないことがある，と気づくまで数年かかりました。わたしは以前から面識のあるケパ・ババに導いてもらおうと決心しました。

わたしが25歳か26歳のとき，わたしはケパ・ババのアーシュラムをたずね，弟子にしてほしいとお願いしました。しかし彼は，「せっかくだが，わたしには何も教えることがないからね。よそへお行き。ベンガルには有名なグルがたくさんいるじゃないか。そこへ行ってディッカ・マントラやシッカ・マントラを頼んでみなさい」と，わたしの願いを断りました。しかし，わたしはあきらめませんでした。わたしは近所の村々でマドゥコリをしながら，ケパ・ババのアーシュラムの軒下に泊まり込んだのです。わたしは1ヵ月以上も，そこでしんぼうしました。ケパ・ババも強情な人です。その間，ひと言も口をきいてくれませんでした。しかし，ついにわたしの粘り強さが評価されました。彼はついに入門を許してくれたのです。そしてケパ・ババは，わたしにとって宗教的にも音楽的にも偉大な「シッカ・グル」となりました。

4. ベンガル社会の変化

わたしは，ほかのバウルのことはよく知りませんが，この40年間，わたしの生活環境は悪化する一方です。

およそ40年前，10歳の少年は歌をうたって1日2～3ルピー稼ぐことがで

きました。しかし今日では，わたしのような50歳の男性が1日マドゥコリを
しても，2〜3キロの米と，2〜3キロの季節の野菜と，1〜2ルピーの現金を
稼ぐのがやっとでしょう。今日の市場価格によると，米は1キロあたり4ル
ピーです。そして季節の野菜は，平均して1キロあたり2ルピーです。わたし
の稼ぎを現金に換算してみるならば，それは1日につき13ルピーから20ル
ピーのあいだ，ということになります。

　物価はどんどん上昇しているのに，わたしの稼ぎはそれにおいつきません。
おおざっぱに計算して，当時の1ルピーの価値は，今の30ルピー以上に相当
するでしょう。たとえば，わたしが10歳のとき，「ロショゴッラ」[42]というお
菓子の値段は1アナ（16分の1ルピー）でした。しかし，その菓子は，今で
は2ルピーもします。

　ほとんどのバウルは，わたしのように「やむにやまれぬ事情」でマドゥコリ
の生活をするようになったと思います。しかし，いつか必ず，バウルはマドゥ
コリだけでは生活できなくなると思います。おそらくバウルは，彼らの人生を
通じて，いつも経済的な困難に直面してきたのだと思います。わたしたちの問
題は，今でも金銭に関係しているということです。

　わたしは，わたしを支援してくれている村びとたちも経済的困難に直面して
いると思います。わたしは，何年も前から「モホトショブ」を開催しています。
モホトショブには，250人ほどの客を招待します。仲間のバウルだけでなく，
わたしを支援してくれている村びとたちも招待します。それはわたしにとって
「よろこび」です。わたしは自分のよろこびをわかちあいたいので，村びとに
いくらか寄付を頼みます。彼らは自分の地位や身分に応じて寄付をしてくれま
す。1〜2セル[43]の米を寄付する人もいれば，1〜2ルピーの現金を寄付する人
もいます。モホトショブを開催するのに必要な約2モン[44]の米と300ルピーの
現金を村びとから集めるのに，約1ヵ月かかるのがふつうでした。しかし，マ
ドゥコリだけでそれだけの米やお金を集めるのは，だんだんむずかしくなって
きました。

---

[42] 牛乳で練った団子を砂糖液につけた菓子。
[43] インドの重さの単位。1セル ≒ 0.933kg。
[44] インドの重さの単位。1モン = 40セル ≒ 37.35kg。

わたしは，ベックの通過儀礼のときのグルのことば，「マドゥコリは生活の糧を得る唯一の方法だ」をわすれたわけではありません。しかし，わたしはときどき「グルの教え」から逸脱しているようです。わたしはときどき音楽チームを編成し，音楽会でバウルの歌と音楽を演奏することがあるからです。そのようなとき，演奏の報酬として，一晩に100〜200ルピーの現金を受けとるのがふつうです。そのお金は，たしかに臨時収入として家庭経済を潤します。しかしそのお金は，年に一度のモホトショブにもおおいに貢献しています。そのような臨時収入がなければ，モホトショブの開催がむずかしくなってきたのです。

5. 息子たち

わたしには3人の息子がいます。長男と次男はバウルの歌をうたいます。しかし，わたしは彼らのことをバウルとはみなしていません。以前，わたしは彼らに「マドゥコリの生活はバウルの宗教的義務だ」といいました。彼らは，一度はわたしの助言にしたがおうとしました。しかし，彼らはもはやマドゥコリに行こうともしない。彼らはバウルの歌を，音楽会でしかうたわない。わたしは彼らに，「マドゥコリで生活せよ」と強要すべきでしょうか。いいえ，すべきではありません。なぜなら，強制されてマドゥコリなどできないからです。

わたしの末の息子ですが，彼はバウルの歌を人前ではうたいません。まだ子どもだったころ，彼は音楽を習いたがりました。実際，わたしはバウルの歌やグブグビの演奏法を教えました。今でも彼は音楽が好きですが，もはや他人のためにはうたいません。彼は現在9年生で，大学進学を希望しています。大学を卒業すれば，よい仕事につける可能性があるからです。しかし，わたしはマドゥコリで生活するバウルです。わたしには彼の学費を負担することができません。わたしは月に2000ルピーの給料を稼ぐ男ではないのです。

6. 昔のバウルと今のバウル

ベンガル社会は急速に変化しています。このことは，一般の人たちだけでなく，バウル自身も認識していることと思います。ベンガル社会の近代化とともに，バウルの伝統も急速に変化していると思います。それが顕著になるのは

1970年代になってからのことです。

　わたしが知るかぎり，昔のバウル・グルは，弟子をきびしくきたえました。たとえば，わたしがケパ・ババに歌を1曲習おうとすれば，最低5日間は彼のアーシュラムに泊まり込まねばなりませんでした。そこに滞在中，わたしは彼のためにマドゥコリをするだけでなく，奴隷のように働かねばなりませんでした。当時の若いバウルは，歌を習うのに積極的でした。積極的でなかったら歌を習えなかった。

　しかし，今の若いバウルは歌を簡単に習えます。バウルの歌のカセットテープが商品として販売されています。彼らはグルなしに歌を習うことができる。しかしこれはベンガルのバウルにとっては危険なことです。テープレコーダーは，歌を教えたり習ったりするには，たしかに便利な機械です。しかし，同時にそれは，わたしたちにグルの必要性を忘れさせる危険な「わな」にちがいない。

　わたしは，子どものころからさまざまなメラや祭に出席しました。シャンティニケータンのポウシュ・メラには，数人のバウルがやってきただけでした。ノボニ・ケパやトリバンガ・ケパ，ニタイ・ケパたちです。わたしは彼らの歌にうっとりしてしまいました。「どうしたら彼らのように演奏したり，うたったりできるようになるのかしら」と思いました。わたしは彼らの表現力をうらやましいと思いました。すべてが生き生きしていました。それは，彼らがバウルのサードナを実践する「サドク・バウル」（sādhak bāul）だったからだと思います。バウルの歌を通じて，彼ら自身の宗教的経験を表現していたのです。わたしも彼らのように，「トット・ガン」（tattva gān バウルの宗教や儀礼にもとづいた歌）をうたいたいと思います。しかし，そのような歌は，部内者のわれわれには「なぞ解き」をするようなおもしろさがあるのですが，部外者の聴衆にはなかなか理解できないのがふつうです。彼らはわたしに，「ビシュワナート・ダ！そんな訳のわからない歌じゃなくて，もっとわかりやすい歌をお願いしますよ」と，「ショブド・ガン」（śabda gān 気楽なことば遊びの歌）をリクエストします。

　聴衆だけではありません。今日，おおくの若いバウルがバウルの歌を理解していません。なぜなら，彼らはバウルの宗教や儀礼についての適切なトレーニ

ングを受けていないからです．それでも彼らは，バウルの歌をテープレコーダーで練習して器用にうたっています．しかし彼らは，自分がうたう歌の内容を経験していない．

わたしはバウルの将来については悲観的な見方をしています．バウルの伝統は，いつか必ず消滅すると思います．バウルが消滅する主たる原因は，わたしたちがマドゥコリで生活しているからです．年々物価は上昇しているというのに，わたしたちの稼ぎはそれにおいつかない．わたしたちは，マドゥコリで生活しているからバウルなのに，マドゥコリで生活すること自体がむずかしくなっているのです．

わたしたちの国には，昔から「サードゥー」や「ヨギー」，「ボイラギ」などの，「聖者」や「行者」がたくさん存在しました．彼らは世俗の生活を捨て，マドゥコリをして生活していました．わたしたちバウルも，そのような範ちゅうの人間です．世俗の人びとはそのような世捨て人を尊敬し，施与することによって彼らを支援してきました．そうすることが，世俗の人びととの「スヴァダルマ」（本分）と考えられてきました．

しかし今日，人がもっとも努力することといえば，「豊かな生活の実現」です．朝はやく起きてヨーガの修行にはげみ，涼しいうちにマドゥコリに出かけ，「神がお与えになったもの」と感謝してささやかな日々をいとなむ，というような生活は，だんだん過去のものになりつつあるようです．

もしだれかがベンガル中を歩いて，バウルのサードナを実践する「サドク・バウル」を探したとしたなら，おそらく今なら200人か300人は発見できるかと思います．そして，10年か20年後に同じことをしたら，まだ4～5人は発見できるかもしれない．しかし50年後には，ベンガル中を探しても，そんなバウルはひとりもいないでしょう．しかし，バウルの歌をうたうプロの歌手は，おそらく50年先も健在だと思います．

第 2 部

バウルの民族誌的考察

はじめに

　詩人タゴール（Rabindranath Tagore 1861-1941）が，20世紀初頭にバウルの歌の豊潤さを紹介して以来，それまで「奇妙な集団の風変わりな歌」とみなされていたバウルの歌が再評価されるようになった[45]。タゴールの影響により，その後ベンガル人学者によって膨大な数のバウルの歌が採集され，なかには注釈つきの歌集として出版された[46]。また，ベンガル文学やインド宗教史などの専門家が，バウルの歌や宗教について論じてきた[47]。もちろんこれらの研究は，バウルについてのわれわれの理解におおいに貢献したのであるが，そこには「人間としてのバウル」を専門的に紹介しようとした民族誌的文献は，事実上，皆無である。

　インドの社会をもっとも顕著に特徴づけているのはカーストである。ところが，世俗のヒンドゥー教徒の生活と密接にかかわりながら，「世捨て人」が，インドの社会的景観の不可欠の部分として，ヒンドゥー教成立以前のバラモン教の時代から，何千年も存在しつづけているという事実は意外とみすごされてきた。

　インドという複雑に入り組んだ社会の維持にはたす「世捨て人」の役割の重要性に注目したのは，おそらくデュモンが最初であろう。彼は，「ヒンドゥー教の秘密を解く鍵は，世捨て人と世俗内人間との対話のなかに発見されるだろう」と洞察し［Dumont 1960：37-38］，「カースト制度というものが，それに矛盾する世捨てとは別個に存在し，また持続できたかどうか疑ってみるがよい」と主張している［Dumont 1970：186］。

---

[45] バウルを紹介したタゴールの著作については，［Ṭhākur 1905, Tagore 1922, 1931］を参照。また，19世紀後半のベンガル社会におけるバウルに関する記述については，［Datto 1870-71：168］［Bhattacarya, J.N. 1995 (1896)：381-382］を参照。

[46] バウルの歌の代表的な歌集については，［Mansur-Uddin 1942］［Bhattācārya, U. 1981］［Dās and Mahāpātra 1958］を参照。また，英訳歌集については，［Bhattacharya, D. 1969］を参照。

[47] たとえば，［Sen, K.M. 1931, 1954, 1956, 1961］［Dasgupta 1956, 1969］［Dimock 1959, 1966, 1971］［Mahapatra 1972］［Capwell 1974, 1986］［Salomon 1979］［Karim 1980］［Chakravarti 1980］［McDaniel 1989］［Ray 1994］を参照。また，日本人研究者による文献については，［小西 1974］［大西 1984a, 1984b, 1984c, 1984d, 1984e］［北田 2008a, 2008b］を参照。

第2部では，ベンガルのバウルの民族誌的記述と分析を通じて，カースト制度と表裏の関係にある世捨ての制度を考察し，現代インド文明の構造的理解を試みる。

第1章　バウルの道

　バウルは一般のベンガル人に経済的に依存し,「マドゥコリ」(mādhukarī) をして生活している。ベンガル語の辞書は,「マドゥコリ」という語を,「蜂が花から花へと蜜を集めるように, 一軒一軒物乞いをして歩くこと」と説明している。

　マドゥコリの生活は, ひとりの人間が「バウルになる」ためにも, また「バウルである」ためにも不可欠の要件である。これは彼らが選んだライフスタイルである。そしてこのライフスタイルそのものが, 彼らが主張する「バウルの道」(バウル・ポト bāul path)の基本なのである。バウルの道とは,「マドゥコリの生活にはじまり, 神との合一という究極の目標にいたる道」である。バウルの説明は実に明快である。「わたしたちは富をもたない乞食です。わたしたちの唯一の財産は, この肉体です。しかし, この肉体には神が住んでおられる。それ以上に何が必要ですか」と語るのである。

　さて, バウル研究者のあいだでは,「バウル」という語は,「ベンガルのひとつの宗派とその構成員をさす」という見解が, ほぼ承認されているようである[48]。しかしこの見解は, はたして正確なのだろうか。

　フィールドワークの期間中, わたしはしばしば, バウルが自分自身のことをどのように認識しているかについて質問をした。わたしがもっとも頻繁にきいた答は, つぎのふたつである。(1)「わたしはバウルです」。(2)「わたしはバウルの道をあゆんでいます」。しかし, だれひとりとして「わたしはバウル派の構成員です」とは答えなかった。バウルにとって, 彼らが宗派の構成員であるかどうかは, それほど重要なことではなさそうである。

　フランスのインド学者ルヌーは,「インドの宗派の基準」について論じている。彼によると, インドの宗派は, つぎの3つの基準をそなえているとされる。第1に, 特有の神格や聖典を堅持していること。第2に, 独自の哲学的視点を

---

[48] たとえば, [Dimock 1966 : 251-255] [Dasgupta 1969 : 160] [Capwell 1986 : 10] を参照。

採用していること。そして第3に，だれかによって創設されたことである [Renou 1968: 91–95]。

　これらの基準をそなえたインドの宗派を検討してみると，そのほとんどの場合，構造的にふたつの部分からなりたっていることに気づく。第1に，行者，苦行者，隠とん者，出家者などの宗派の中心的部分，つまり世俗の世界を放棄した「世捨て人」である。そして第2に，数量的にははるかにおおきい，家庭をもった一般の信者グループ，つまり「在家の人びと」である。

　インドの宗派の基準をかんがえると，たいへんあやふやで漠然としたものではあるが，ベンガルには「バウル派」（bāul sampradaye）と呼ぶことができそうな組織が存在する。そしてベンガルのバウル派が，インドの宗派としての構造をそなえているかのように，そこにはふたつの基本的な通過儀礼がみとめられる。

　まず第1は，「ディッカ」（dīkṣā）とよばれる「バウル派の特定のグルへの入門式」である。この入門式のグルは「ディッカ・グル」とよばれ，入門者の耳に「ディッカ・マントラ」をふきこむ。そして第2は，「ベック」（bhekh）とよばれる「世捨て人の身分への通過儀礼」である。この通過儀礼のグルは「ベック・グル」とよばれ，弟子に新しい「乞食の鉢」（ビッカパトラ bhikṣā pātra）をあたえる。男性の弟子は，乞食の鉢にくわえて，新しい「ふんどし」（ドリ・コウピン daṛī koupīn）もうけとる。

　ディッカのあと，「シッカ」（śīkṣā）とよばれる一連の「宗教的トレーニング」が開始されることがあり，そのグルは「シッカ・グル」とよばれる。シッカ・グルは，ディッカ・グルと同一人物であってもよいし，別人であってもよい。また，複数のシッカ・グルをもってもよい。

　それでは，いったいだれがバウル派を構成しているのであろうか。わたしの観察によると，バウル派の構成員には，マドゥコリで生活するバウルだけでなく，かなりの数の在家の信者も存在する。それらの在家の信者は，ベンガルの町や村に住む，ごくふつうのヒンドゥー教徒やイスラム教徒である。しかしそれらの在家の信者は，彼らのグルに入門し，一連の宗教的トレーニングをうけ，「サードナ」と呼ばれる宗教儀礼を実践しようと努力しているのである。たとえば，ビルブム県のラムプルハートから東に約8キロのT村に，スリバス・

チャンド・ゴスワミ（Sribas Chand Goswami）というバウルのグルが住みついており，その村で重要な役割をはたしている。ほとんどすべての村びとは彼の信奉者だったし，実際，そのおおくは彼の弟子だった。しかし弟子である村びとは，自分たちのことをバウルと名のらなかったし，他者からもバウルとみなされていなかった。つまり，たとえバウル派の構成員であっても，その人がマドゥコリの生活をしないかぎり，バウルとはみなされないのである。

　論理的に，ディッカの通過儀礼をうけた人は，すべてバウル派の構成員である。バウル派の在家の弟子は，ディッカの通過儀礼はうけているが，ベックの通過儀礼をうけていない。ディッカは，弟子にマドゥコリの生活を強制しない。もし在家の弟子がベックをうけたとしたら，その人は世俗の生活を捨て，マドゥコリをして生活しなければならない。これはルールである。

　それでは，バウルはバウル派の世捨て人のことで，すべてのバウルはディッカとベックの通過儀礼をうけているのだろうか。わたしの観察によると，何人かのバウルは，ディッカとベックの両方ともうけている。また何人かは，ディッカだけをうけている。しかし，大半のバウルは，その両方とも経験していない。

　ディッカの通過儀礼をうけていないバウルは，バウル派の構成員ではない。したがって宗教的トレーニングもうけていない。しかし彼らは，「わたしはバウルの道をあゆんでいます」と答えたのである。バウルの道をあゆんでいると語った彼らは，「バウルの歌と音楽の伝承者」である。しかし，「バウルの歌と音楽の伝承者」は，かならずしも「バウルの宗教の伝承者」ではないのである。

　それでは，バウルの道をあゆんでいると語った彼らは，バウルの衣装を着てバウルの歌をうたい，音楽を演奏するだけの，「にせもの」のバウルなのであろうか。すでにあきらかなように，宗派という視点からではベンガルのバウルの現実が把握できない。なぜならば，バウルという語が「ベンガルのひとつの宗派とその構成員をさす」なら，みずからバウルと名のらず，他者からもバウルとみなされていない「在家の弟子」を，ベンガルのバウルとして算入しなければならないからである。また，みずからバウルと名のり，他者からもバウルとみなされている多数の「にせもの」を，ベンガルのバウルから除外しなければならないからである。

バウルのライフヒストリーに関するわたしの資料は，ディッカの通過儀礼をうけたバウルは，それをうけた時点で，すでにマドゥコリの生活を採用しバウルになっていた，という事実を暴露する。そしてベックの通過儀礼は，ディッカの通過儀礼よりも，さらにのちの人生のでき事だったのである。

「神との合一」というバウルの宗教の究極の目標に到達するためには，バウルの「サードナ」とよばれる宗教儀礼を実践しなければならない。そのためには，ディッカをうけて特定のグルに入門し，一連の宗教的トレーニング（シッカ）を受けることが不可欠である。しかし，おおくのバウルが証言する。「バウルの道の第一歩は，マドゥコリの生活を採用することである」と。

ベンガルのバウルは，本質的に，「バウルの道を追求する人」である。「バウルの道の追求者」と「バウル派の構成員」とは，かなりの部分で重複する。しかし「バウルの道」と「バウル派」とは，次元のちがう概念なのである。以上の議論から，「バウルの道の追求者」と「バウル派の構成員」との関係は，次の図1に示すことができるだろう。ただし，この図1は，「関係」を示すだけで，「数量」や「割合」を示すものではない。

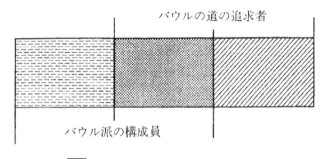

図1 「バウルの道の追求者」と「バウル派の構成員」

バウル研究者のあいだにみられる混乱は，彼らがバウルの主張する「バウルの道」という概念に気づかなかったことに起因すると思われる。結果として，彼らは「バウル派の在家の弟子」の存在に気づかなかったのである。
　おおくのバウルが説明してくれた「バウルの道」を要約すると，つぎのようになるかと思う。
　人は，もしバウルの道にしたがうならば，だれでもバウルになれる。ただし，バウルの道の第一歩では，カーストの義務を放棄し，マドゥコリの生活を採用しなければならない。バウルの道の究極の目標は，人間の肉体に宿る神と合一し，神を実感することである。バウルと名のり，バウルの歌をうたい，マドゥコリの生活をするだけでは，バウルの道の半分しかすすんでいない。バウルの道の究極目標に到達するには，宗教的トレーニングが必要である。バウルの歌を通じてバウルの宗教をまなび，ヨーガを通じて自己の心身を鍛えなければならない。そして最終的に，バウルのサードナを実践しなければならない。そのためにはグルの導きが必要である。

第2章　もうひとつのライフスタイル

　マドゥコリの生活は，バウルが選択したライフスタイルである。彼らはマドゥコリという世捨て人のライフスタイルを採用し，「バウルになった」のである。それでは，ベンガル社会の「だれが」「なぜ」マドゥコリの生活を採用し，バウルになったのであろうか。
　まず，バウルの姓と出身カーストを検討しよう。
　国勢調査などによりカースト意識が高まっていった19世紀末以降，姓に相当する要素や個人名の一部を親と子が共有する形態が社会一般に広まっていった。姓を名のることが一般化する過程で，ヒンドゥー教徒の姓として採用されたのは，カースト名（ジャーティ名），ゴートラ名（伝説的な始祖に結合した外婚集団名），称号・資格，先祖の発現地やその特徴，職業・役職名などであるという［藤井 2002：511-512］。しかしベンガル社会の，いったいだれが「バウルの道」をあゆみはじめたのかを，バウルの姓からさぐることはほぼ不可能である。なぜなら，ほとんどのバウルは「ダシュ」や「ダシュ・バウル」といった姓を名のっているからである。「ダシュ」という語の意味は「召使」である。だからといって，彼らがシュードラ階級出身者だと即断できない。これらの姓は宗教名である。彼らはバウルになった時点で改名し，あたらしい姓として「ダシュ」（神の下僕）や「ダシュ・バウル」（神の下僕のバウル）といった宗教名を名のったのである。これらの宗教名には，出自や家柄などを暗示する「しるし」がまったくない。バウルに彼らの以前の姓について質問しても，ほとんどのバウルは答えようとしなかったのである。
　出身カーストについての質問にも，ほとんどのバウルが答えなかった。なかには実在しない「人間カースト出身」（人間にはカーストの区別はない）とか，「男性カースト出身」（人間には男か女しかない）とか，「鳥カースト出身」（鳥のように自由だ，つまりカーストがない）と答えて，わたしの質問をはぐらかすバウルもいた。このことは，バウルがカーストそのものを否定していることを反映している。また，質問に答えてくれたバウルの出身カーストも，最上層

のバラモンから中層や下層カースト，そして最下層にいたるまで，ベンガル社会の全階層におよんでいる。したがって，バウルの出身カーストの傾向についても，これといった結論をだすことができない。

一般的に，教育水準と経済水準は比例するといわれる。バウルの出身経済階層を，バウルの学校教育年数を手がかりに検討しよう。

インドの学校教育制度は，初等教育（8年），中等教育（4年），高等教育（3年）の3段階となっている。義務教育となる初等教育は8年間で，最初の5年間が初等学校（日本の小学校に相当），後期の3年間が上級初等学校（日本の中学校に相当）となっている。中等教育は4年間であり，前期の2年間が中等学校（日本の高等学校に相当），次の2年間が上級中等学校（大学準備課程）である。高等教育（日本の学部レベルの大学教育に相当）は3年間である。

2001年の国勢調査の結果によると，7歳以上の識字率は65.4％に上昇した。インドの識字教育は成果を生み出しつつあると評価できる。しかし，識字率の男女間の格差はいまだに縮小していない。この事実は，依然としてインドが教育の機会の不均等という課題をかかえていることを示している。

66名のインフォーマントの学校教育年数は，10年以上が2名，10年が1名，6年から9年が6名，5年が5名，1年から4年が23名，1年以下が29名である。これらの数字から判断するかぎり，バウルの識字率は，一般のベンガル人のそれと，ほぼかわらないようである。学校教育年数1年以下には高齢者や女性がおおいのも，一般のベンガル人の傾向と一致する。ちなみに，学校教育年数10年以上の2名のバウルは，いずれも大学卒である。

バウルの学校教育年数の特徴は，初等学校（小学校）や上級初等学校（中学校）の修了者に対して，中途退学者の比率がたかいことである。これは，大多数のバウルが，ベンガル社会の経済階層の下層または最下層出身者であることを反映している。貧困層にとって，不測の事態が発生したときに対処しうる手段は，まず教育費を削減することである。

さて，ベンガル社会の「だれが」「なぜ」バウルになったかを，バウルのライフヒストリーから考察しよう。

バウルに，なぜ彼らがバウルになったのかという質問をすると，十中八，九，「子どものころから歌や音楽がすきだったからだ」という答がかえってくる。

しかし，個々のバウルのライフヒストリーを詳細に検討してみると，長期にわたる心理的・経済的不安を経験したのちに，バウルになったようである。ほとんどのライフヒストリーは，彼らがマドゥコリの生活をはじめたり，グルを求めたりする前に，それらの行動のきっかけとなった危機的状況があったことを，それとなくしめしている。

　ベンガル社会の一群の人びとが，なぜバウルの道をえらんだのかを，ただひとつの要因をあげて説明することはできない。彼らがバウルになった動機には，いくつもの要因が複雑にからみあっているのがふつうである。それらは，慢性的な貧困，父母の別居による家庭崩壊，本人の意思のはいりこむ余地のない結婚に対する不安，世代間の反目，そして土地所有権や相続権をめぐる争いなど，解決できない抑圧の具体的な経験である。

　バウルになった動機のもうひとつの主要な要因は，乳・幼児期における親の死の経験である。ライフヒストリーの資料によると，10歳未満で父親と死別したバウルは18名（27.3%），おなじく母親と死別したバウルは14名（21.2%）である。このうち，両親ともに死別したバウルは8名（12.1%）である。これらの比率は，一般のベンガル人のそれよりも，はるかに高いと思われる。

　母親の死後，母親を失った乳・幼児は，父方か母方の血縁親族に育てられ，父親は再婚してあたらしい家庭をもつことがおおいようである。いずれにせよ，このような境遇にそだったバウルは，父親の死にともなって，異母兄弟間の相続権あらそいにまきこまれた事例が数例あった。また，乳・幼児期に父親を失ったバウルは，若くして夫を死なせた不吉な存在としての母親とともに，ただちに経済的にも心理的にも不安定な状況においこまれてしまっていた。さらに，幼児期に両親と死別し孤児となったバウルは，「物乞い」をするしか生きてゆく方法がなかった。しかし，近隣の人びとの処置で，その社会の世捨て人の養子や養女として保護され，育てられた幸運なバウルも数名いた。これは，世捨て人の存在そのものが，その社会全体の維持に寄与していることを暗示している。

　バウルになる動機となったその他の要因には，低いカースト身分による抑圧，単調な村の生活からの脱出願望，神と接触したいという宗教的欲求，世捨て人

に対するあこがれなどを指摘できる。しかし，大多数のバウルに共通していることは，程度の差はあれ，彼らが貧困生活から脱却できないで苦しんでいたことである。彼らは，まともな仕事につけないそれなりの理由をかかえていた。生きていく手段は，マドゥコリしかなかった。「マドゥコリの生活は，飢えよりまし」だったのである。彼らは，世捨て人の生活様式を模倣することによって，とりあえず「生存」することができたのである。

このように，バウルになる動機となった要因のおおくは，カースト社会に内在している特質や矛盾に由来するようである。そしてそれらの要因が彼らを脱出できない貧困においこみ，結果として生じた感情的な緊張や心理的な不調和は，バウルには，「現実」であるが「耐えがたい」と感じられていたようである。カーストの地位や身分による限界，インドの家族制度や結婚制度の本質，経済的な不安定さなどに起因するこれらの社会的・心理的な問題に対する解答は，「厳しい現実に耐える」か「耐えがたい現実から自由になる」かの二者択一である。このような状況のなかで，わたしがインタビューしたバウルのおおくは，これらの問題に対する意味ある解決策を，「文化的に是認された世捨て」，すなわち「マドゥコリの生活」に見いだすことができたのである。

マドゥコリの生活は，個人の選択肢が制限されたカースト社会における，選択可能な「もうひとつのライフスタイル」である。マドゥコリの生活は，それがどのような形態であれ，カースト制度が存続するかぎり，個人が生き延びるための「生存戦略」としてこれからも再生産されるだろう。またマドゥコリの生活は，カースト社会のなかで差別されたり排斥された人びとや，カースト社会の社会関係や規範に疑問をもつ人びとの，心理的・社会的な「適応戦略」として，これからも存続するだろう。

マドゥコリの生活がいかにきびしいものであっても，バウルの道は，おなじ道をあゆむバウルのあいだに仲間意識をそだてる。またバウルの道は，ディッカやベックの通過儀礼を通じて，グルとの師弟関係を軸にキョウダイ弟子をつくり，擬制的親族関係の輪をひろげる。さらにバウルの道は，宗教的トレーニングを通じてバウルを鍛える。バウルの歌を通じてバウルの宗教を学び，ヨーガを通じて自己鍛練に努力したバウルは，精神的にも肉体的にも自信をもつようになる。そして，みずからの肉体に存在する神を実感するために，サードナ

を実践するのである。バウルの道の究極の目標に達したバウルは，宗教的求道者として，世俗の人びとからも尊敬されるのである。

　「バウルの道」は，「サードゥー」（sadhu 放浪の聖人）や「ヨギー」（ẏogī ヨーガ行者），「ボイラギ」（bhairagi ヴィシュヌ派の出家者），「フォキル」（phkīr イスラム神秘主義の行者 fakīr, faquīr）など，インド社会に存在するいくつかの「世捨ての道」（サンニャーシ・ポト sannyāsī path）のひとつである。インド文明には，カースト制度にともなって，それと矛盾する世捨ての制度が，文明の装置として組み込まれているのである。

　バウルのライフヒストリーは，バウルがベンガル社会の「周縁部」の輪郭のはっきりした集団であることを十分に示している。ベンガル社会の大多数の人生を規定するカースト制度に対する彼らの否定は，バウルを社会の支配的な部分の外側に，また対立するものとして位置づける。それにもかかわらず，バウルは社会的に認知された周縁的集団の構成員として，ベンガル社会と親密に共存している。このように，ベンガル社会の「世俗の人びと」と「バウル」とのあいだには，社会的・文化的な緊張と均衡が日常的に存在する。そして，バウルという周縁的人間の存在そのものが，ベンガル社会の「中心部」の崩壊を守っているかのようである。なぜなら「バウルの道」は，カースト制度がいまだに根強いベンガル社会において，社会を拒否した人に，あるいは社会に拒否された人に，「もうひとつのライフスタイル」を提供しているからである。それはあたかも，必然的に矛盾をふくまざるをえない複合社会が周縁的人間を生みだし，その周縁的人間の存在そのものが，社会全体を完全な分裂から守っているかのようである。しかしバウルにとっては，カースト制度の維持にはたす彼らの役割は，まったく理解の範囲をこえたものであろう。

第 3 章　マドゥコリの暮らし

　ベンガルのバウルは，農業労働や工業生産，手工芸作業，商業活動などに，いっさい従事していない。彼らは，一般のベンガル人に経済的に依存し，「マドゥコリ」をして生活している。

3-1．マドゥコリの場と方法

　バウルがどこでマドゥコリをするかは，バウルがどこに住んでいるかによる。バスや鉄道の路線から離れた辺ぴな村に住んでいるバウルにとっては，マドゥコリができるのは，歩いて行ける近所の村々にかぎられるだろう。それにくらべ，バスの停留所に近い村に住むバウルは，少しは遠くまで行ける。彼らは，近所の村々だけでなく，バスで行ける村でもマドゥコリができるだろう。また鉄道の駅近くに住むバウルにとっては，行動範囲はさらに広がる。彼らは，列車で行ける村でマドゥコリができるだけでなく，列車のなかでも歌をうたって稼ぐことができるのである。(写真 4 と 5 参照)

　マドゥコリに行くのに便利だという理由からか，鉄道駅の周辺地区にはおおくのバウルが住んでいる。フィールドワーク中，ボルプール＝シャンティニケータン地域には 16 人のバウルがいたが，そのうち 13 人は，最寄りのボルプール駅あるいはプランティック駅まで歩いて 10 分以内の所に住んでいた(S 地区 8 人，SP 地区 2 人，UM 地区 2 人，N 地区 1 人)。

　しかしながら，バウルにとっては，駅周辺であればどこでも住みやすいとはかぎらないようである。彼らが住んでいたのは，ボルプールのにぎやかな商業地域ではないし，シャンティニケータンの閑静な住宅街でもない。むしろそれらは，駅の裏側や町のはずれに位置し，まさに「中心」に対して「周縁」とよぶにふさわしい所である。「酒造りカーストの村」を意味する S 地区の地名が示すように，そこの住民の大半はカースト身分の低い人たちである。一方，SP 地区，UM 地区，N 地区は，1947 年のインドとパキスタンの分離独立直後の混乱期に，政府によってつくられた難民村である。それらの村の住民のおお

くは，肉体労働者か定職のない日雇い労働者である。もっとも，そのような難民村に住むバウルが，かならずしも東ベンガルからの移住者ではない。いずれにせよ，バウルにとって駅近くのそれなりに住み心地のよい所は，地代や家賃がめっぽう安く，住民の出入りの激しい地区である。そのような地区だからこそ，バウルのような社会の中心からはずれた周縁的人間も容易に住みつくことができたのだろう。

　マドゥコリの場は，女性のバウリニや子どものバウルには，田舎の村よりも列車のなかのほうが好まれるようである。この理由は，バウルが受けとる喜捨の内容に関係するようだ。村では主として米や季節の野菜などの重くてかさばる「現物」なのに対し，列車のなかではもっぱら「現金」である。さらにアーマッドプール駅近くに住む女性のバウリニは，おおぜいの乗客がいる列車内の安全性を指摘した。

　列車のなかで歌をうたって稼ぐことの最大の利点は，天候に左右されず，きびしい夏や雨季にも容易に行えることである。しかし，この利点にもかかわらず，駅の近くに住むバウルのおおくは，列車のなかで歌をうたって稼ぐよりも，村でのマドゥコリを好むようである。

　その理由のひとつは，列車のなかは，いつもざわざわした雰囲気にあるからだ。バウルが歌をうたっていても，さまざまな物売りが大声をはりあげて，混んだ車内をとおりすぎてゆく。そこは，演奏者のバウルにとっても，聴衆の乗客にとっても，十分な環境とはいいがたい。もうひとつの理由は，そこでは不特定多数の正体不明の乗客が聴衆だからである。乗客のなかには喜捨をしたくない人もいるだろう。それでもその人は人目を気にして，20パイサか25パイサの小銭を与えるだろう。列車のなかでは，乗客の不本意な小銭も存在するのである。

　村でマドゥコリをするバウルは，経文を唱えて物乞いをするサードゥー（ヒンドゥー教の出家修行者）やボイラギ（ヴィシュヌ派の出家行者）などと同様に，世捨て人の範ちゅうの人間である。しかし，列車のなかで歌をうたって稼ぐバウルを，乗客はどのようにみているのだろうか。バウルは小銭を求める乞食なのか。それとも，歌の押し売りをする物売りなのか。

　バウルはマドゥコリをして生活しているのであるが，彼らのマドゥコリの仕

方はさまざまである。大多数のバウルは，マドゥコリをするときは「いつも歌をうたう」という。しかし少数ではあるが，マドゥコリをするときは「神の名を唱えるだけ」というバウルもいる。しかし，神の名を唱えるだけというバウルも，村びとに歌を所望されれば，よろこんでバウルの歌をうたうという。

　マドゥコリをするときは「いつも歌をうたう」というバウルと，「神の名を唱えるだけ」というバウルとのちがいは，彼ら自身によるバウルの分類，すなわち「ガエク・バウル」と「サドク・バウル」にほぼ対応しているようである。ガエク・バウルというのは，バウルの歌や音楽を演奏する「歌手としてのバウル」である。一方，サドク・バウルというのは，サードナとよばれるバウルの宗教儀礼の実践に努力する「求道者としてのバウル」である。

　バウルの歌は，その内容からみると，ふたつの種類に分類できる。ひとつは「ショブド・ガン」（śabda gān）とよばれ，主として娯楽のために作られた「ことば遊びの歌」である。もうひとつは「トット・ガン」（tattva gān）とよばれ，「バウルの宗教にもとづいた歌」である。しかし，バウルの宗教には秘密のことがらがおおいので，その秘密をうたいこんだトット・ガンには，しばしば「暗号のような語句や表現」（サンダー・バーシャ sandhyā bhāṣā）が意図的に使用されている。このためトット・ガンは，部外者にとっては難解で，いくつもの解釈が可能だったり，あるいは意味不明のことがおおい。その反面，部内者には「なぞ解き」をするようなおもしろさがあるといわれる。

　マドゥコリをするときは「いつも歌をうたう」というガエク・バウルがうたうのは，ショブド・ガンである。そして，マドゥコリをするときは「神の名を唱えるだけ」というサドク・バウルがよろこんでうたうのは，トット・ガンである。なぜなら，神の名を唱えるだけのサドク・バウルに，わざわざ歌を所望する村びとは，バウルの歌や宗教に興味をもち，バウルの歌の「なぞ解き」をするようなおもしろさを知っているはずだからである。

3-2.「10ルピー・バウル」

　シャンティニケタンのSP地区に住むGDBは，ライフヒストリーの語り手として登場した「10ルピー・バウル」のことである。

　GDBはわたしの隣人のひとりだった。最初は挨拶をかわす程度だったが，

わたしのベンガル語が上達するにつれて，彼はわたしの家に毎夕のように来るようになった。わたしたちは毎夕の会話をおたがいに楽しんだ。そして，友情をふかめていった。

　フィールドワークをはじめて間もないころ，わたしはマドゥコリに行くGDBに同行して，何度か村に出かけたことがあった。彼のマドゥコリのやり方についての資料を得たいと思ったからだ。わたしの観察の一部はつぎのとおりである。

1987年10月17日（土）

　午前7時30分出発。彼の家から約5キロの距離にあるS村とL村へ徒歩で行く。彼は道中，それらの村で10軒の家を訪問する予定だと話す。しかし，実際には13軒の家を訪問した。なぜなら，予定外の3軒から歌をうたうように要請されたからである。13軒のうち，4軒では中に入れてもらえず，門口で歌をうたってマドゥコリをする。残り9軒では中庭に招き入れられ，ヤシの葉を編んだムシロ，または竹とヤシの葉で編んだ腰掛けをだされる。中庭に招き入れられた9軒のうち，5軒でお茶とビスケットあるいはムリ（米をいった軽食）をふるまわれる。13軒の家を訪問したが，実際には19世帯から喜捨をうけた。なぜなら，何軒かの家は拡大家族で，複数の世帯から成立していたからである。この日にうけた喜捨は，米3キロ，季節の野菜2キロ，菓子2切れ，80パイサの現金。午後2時ごろ帰宅。

1987年10月20日（火）

　午前5時50分出発。プランティック駅から下り列車336号に乗車，ジャパテールダル駅で下車。駅から2キロの距離のJ村へ。J村では16軒の家を訪問する予定だったが，実際に訪問したのは10軒のみ。10軒には，予定外にリクエストされた2軒を含む。10軒のうち，3軒では戸口でマドゥコリする。残り7軒では中庭に入ることを許され，そのうち3軒からは，お茶とお菓子あるいはビスケットをふるまわれる。しかし，彼は10軒目でマドゥコリを中止する。その日は，カーリー・プジョ（カーリー女神の祭）の前日で，村びとは祭の準備で忙しそうだったからという。実際，10軒目の主婦は，いつもは彼を

歓待するのに，その日は彼がうたい終わったとき忙しくてその場におらず，施与しそこねた。この日にうけた喜捨は，米２キロ，ジャガイモ 500 グラム，現金４ルピー。ジャパテールダル駅から上り列車 329 号に乗車，午前 11 時 30 分ごろ帰宅。

　バウルになって７年目の GDB には，訪問したそれぞれの村で，彼の「パトロン」のような特定の家があるようである。もっとも，それらの家のすべてが，彼を中庭まで招き入れたわけではない。しかし彼は，それらの家とは何回かの訪問を通じて，それなりのよい関係をつくっていたのである。だからこそ訪問予定の家として数えることができたのである。彼はそのような特定の家を，どのように開拓したかを説明した。

　「はじめての村では，いつもその村中の家を片っ端から訪ねるんだ。ひととおりマドゥコリがすんだあとで，どの家がわたしを受け入れてくれそうかを判断するんだ。そのあとは，年に２回か３回訪ねるだけだけれど，そのうちに顔なじみになるさ」。

　GDB はさらに，村で彼を受け入れてくれるのは，金持ちよりも，むしろ社会的な身分の低い貧しい人たちである，と説明した。そのことは，べつにわたしを驚かせはしなかった。しかしわたしは，なぜ 10 月 20 日のような忙しい日に，バウルの歌を聴きたいと，わざわざ「使者」までよこした村びとがいたのだろうかと，いぶかしく思った。

　「村でマドゥコリをしている最中に，誰かから自分の家でも歌をうたってほしいとリクエストされることはあるのかい？」

　「ああ，たまにはあるさ。わたしの歌をきいていた人から，ときどき頼まれることがあるよ」。

　これはつまり，そのような聴衆は，GDB がどこかの家の中庭でうたっていたときに，偶然そこに居合わせた近所の人たちである。そして，その人たちもまた，マドゥコリをしている彼に，なにがしかの喜捨をしたいと思ったけれど，そのときに持ちあわせがなかったので，彼を自分の家まで招いて，もう一度うたってほしいと頼んだのである。しかし，わたしはまだ釈然としなかったので，ふたたび彼にたずねた。

「バウルの歌を聴きたいと，君に使者を送ってきた家で，いままでマドゥコリをしたことがあるのかい？」
「ああ，確かにあるはずさ。村をはじめて訪ねたときには，すべての家の戸口でマドゥコリをしているはずだからね」。
しかし，バウルの歌を聴きたいと彼に使者を送った家は，彼が訪問しようと予定していた16軒には含まれていなかった。
使者を送った家の人びとは，GDB を中庭まで招き入れた。門口で待っているつもりでいたわたしも，招き入れられた。その家は，一見して，かなりのお金持ちのようであった。そして，その家族の会話は，教養ある人にふさわしいものであった。彼らは，同行者であるわたしも丁重にもてなした。
GDBが3曲うたいおわったとき，お茶とお菓子が運ばれてきた。わたしは，それはしばらくの休憩で，お茶のあと彼の演奏が再開されるものと思っていた。しかし，その家の人びとは，バウルの歌をもっと聴きたいとは言わなかった。そのかわり，お盆に山盛りの米に2ルピーの現金をそえて彼に与えた。気前のよい施与に，GDBはよろこんでいた。しかしわたしには，その家の人たちは，バウルとバウルの歌よりも，インド服を着てカタコトのベンガル語をあやつる，一風かわった外国人のほうに興味をもっているように感じられた。わたしは，自分がバウルのマドゥコリの邪魔をしているのかもしれない，と気づいた。それ以後，わたしはマドゥコリにでかける彼に同行するのをやめた。
マドゥコリにでかけるGDBに同行するのをやめたころ，わたしは，彼の日ごとのマドゥコリの行動を記録するようになった。毎夕の気楽な会話を通じて，彼が「いつ」「どこで」「何を」「どれだけ」「どのようにして」稼いだかを，記録したのである。
GDBが「どこで」稼いだかについては，村や町の名前だけでなく，どのようにしてそこに行ったかも記録した。列車を利用した場合には，列車名も記録した。彼が「何を」「どれだけ」稼いだかについては，現金の場合はその額を，米や季節の野菜などの現物の場合にはその重量を記録した。彼の「重さ」を感知する能力は驚異的である。当初，わたしは秤にかけて確認していたが，誤差は5％以内だった。彼が「どのようにして」稼いだかについては，村や町でマドゥコリをしたのか，列車でうたって稼いだのか，演奏会にまねかれたのか，

などを区別した。

しかし，フィールドワークに従事するわたしは，ときには数日にわたって外出することがあった。そのようなときは，出かける前に紙と鉛筆をGDBに渡して，わたしの留守中の，彼のマドゥコリの行動を書き留めておくように依頼した。彼は，わたしの意図を完全に理解していたと思う。

次の表1は，1988年1月1日から12月31日までの，1年間の彼の稼ぎをまとめたものである。

表1 「10ルピー・バウル」の経済活動（1988年）

方　　法	日　数	収入（ルピー）
村や町でのマドゥコリ	125	1445.80*
列車でうたって稼ぐ	64	615.70
村や町でのマドゥコリと列車での稼ぎ	13	215.00
祭りやメラへの参加	16	72.00
演奏会への参加	10	60.00
要請によりうたう	8	539.00
その他	25	280.00
休日	117	0
合　　計	378**	3227.50

* コメや野菜などの現物は，市場価格に換算し，ルピーで表示した。
** マドゥコリをした日の夕方に，歌を要請された日などは，両方を1日と計算した。

3-3. 休日

ベンガル暦の新年は，ボイシャク月（4-5月）からはじまる。それに先立つファルグン月（2-3月）やチョイットロ月（3-4月）は，サリーなど織物を売る店や，食料品店，薬屋などの商人が，なじみの客に来年のカレンダーを無料で配る月である。それらのカレンダーには，クリシュナとラダーや，シヴァやドゥルガー，カーリーなどのヒンドゥー教の神や女神か，あるいはチョイトンノやラーマクリシュナなどベンガル人になじみぶかい聖人の絵や写真が添えられているのが常である。それらのカレンダーは，わたしが知るかぎり，ベンガルのヒンドゥー教徒の家のもっとも重要な部屋の壁に，いくつも一緒にかけて飾られている。

フィールドワーク中，わたしはベンガル民衆から，「ベンガルには，12ヵ月

に 13 回のプジョがある」(bāro māse tero pujo) という，やや自嘲的な説明を何度もきいたことがある。「プジョ」というのは，ヒンドゥー教の祭や礼拝のことである。「13」という数字は，プジョの行われる回数をあらわすのではなく，「数えきれないほど多い」という意味である。実際，ベンガルでは1年を通じて頻繁にプジョが行われる。というのは，わたしが近所の商人からもらって，今も手元においているベンガル暦1395年（1988-89）の小さなカレンダーには，年間150のプジョの一覧表が載っているからである。もっと詳しいカレンダーかヒンドゥー占星術の年鑑を調べれば，ベンガルでは毎日プジョが行われているといっても過言ではないだろう。もちろんほとんどのベンガル人は，カレンダーに記載されたプジョのすべてを実行してはいない。しかし彼らは，カレンダーなしには日常生活を送ることができないのである。

　バウルはそのようなプジョをけっして行わない。しかし，彼らのマドゥコリの行動は，世俗のヒンドゥー教徒の日常生活に強く影響されている。なぜなら，バウルは経済的に世俗のヒンドゥー教徒に依存しており，村びとに施しを乞いながら，なんとか生活しているからである。実際，GDB は，ベンガルの主要なプジョであるドゥルガー・プジョ（豊穣の女神ドゥルガーを礼拝するベンガル最大の秋祭り）やロッキ・プジョ（富と幸運の女神ラクシュミーのプジョ），カーリー・プジョ（創造と破壊の女神カーリーのプジョ）などの日には，休みをとった。彼は，村びとの邪魔をしたくないので，プジョの日にはマドゥコリに行かなかった，と説明した。しかし，わたしが1987年10月20日に観察したように，彼がそのような日に村に行けば歓迎されない訪問者となり，したがって，村びとの喜捨も少ないということを，経験的に気づいていたようである。彼がそのような主要なプジョの日に例外なく休みをとったのは，彼の宗教的な心情からではなく，経済的要因の結果なのである。

　GDB は，1988年に合計117日の休みをとった。その理由はいくつかある。前述のように，彼は主要なプジョの日には休んだ。彼はときには病気で寝込んだし，妻の病気のせいでマドゥコリに行かない日もあった。また，嵐のために出かけることができない日もあった。それらはいずれももっともな理由である。しかし，より意味ありげなのは，彼が「毎週木曜日」に休みをとったことである。では，なぜ毎週木曜日に休んだのだろうか。

英語の「木曜日（Thursday）」という語が，北欧神話の「雷神（Thor）の日」に由来するように，インドの言葉で木曜日を意味する「ブリホシュポティ・バール」は，「ブリホシュポティの日」に由来する。「ブリホシュポティ」は，インド神話では「神がみの導師（グル）」とよばれている。このことは，ベンガル語では木曜日のことを，しばしば「グル・バール（導師の日）」とよぶので，よく理解できる。実際，おおくのバウルは，「木曜日にマドゥコリに行かないのは，その日はグルのことを心に思い，グルに感謝をささげる日であるから」と説明した。しかしわたしは，それならば，なぜ彼らが木曜日にグルのためにマドゥコリをしないのだろうかと，疑問に思った。

　GDBも含めておおくのバウルが語った意見を総合すると，バウルが木曜日にマドゥコリに行かないのは，その日が「不吉な日」とみなされているからである。このことは，ヒンドゥー占星術の教えと一致している。つまり，「木曜日のある時間は，いかなる労力に対してもまったく不吉」（brihaspatir bārbela）とされているのである。だからバウルは，グルの日の木曜日にはグルに感謝しながら，一日静かに時を過ごさねばならないというわけである。

　しかし，GDBが毎週木曜日に休みをとったことを，世俗のヒンドゥー教徒の視点からみると，別の解釈ができそうである。ベンガルでは，木曜日はしばしば「ロッキ・バール（ラクシュミー女神の日）」ともよばれる。実際，ベンガルでは，富と幸運の女神ラクシュミーは，家族の幸福を願う一家の女性によって，毎週木曜日に礼拝されるのである。世俗のヒンドゥー教徒によれば，木曜日というのは，人は自分のお金を無駄づかいせず，できるかぎり節約しなければならない日とされている。そして彼らは，木曜日の食事はいつも「ニラミス」（野菜だけの食事）だと述べるのである。このことは，ベンガルの肉や魚のバジャル（市場）が木曜日には閉まるという事実や，飲酒が比較的自由な西ベンガル州の酒屋が木曜日に閉店するという事実に反映している。木曜日は，菜食と禁酒の日とされているのである。

　いずれにせよ，ラクシュミー女神の日の木曜日は，世俗のヒンドゥー教徒にとって，酒をひかえ質素な食事をして生活費を節約する日なのである。出費を押さえる木曜日は，世俗のヒンドゥー教徒が，乞食や世捨て人に施与をしたくないと思う日なのである。その結果として，木曜日はバウルが効率的に施しを

集めることができない日なのである。このように，バウルの日々のマドゥコリの行動は，世俗のヒンドゥー教徒の日常生活のリズムに強く影響されているのである。GDBは，村びとのハレの日にはマドゥコリをしないという方法で，彼自身を村びとの生活のリズムに適応させているのである。

3-4. メラ

　祝祭を意味するいくつかのベンガル語のなかで，「メラ」(melā) という言葉は，ベンガル人にとって一種独特の響きをともなうようである。メラとは，「定期市，博覧会」という意味である。しかし，ほとんどのメラは，ヒンドゥー教かイスラム教の聖地で開催され，その地の宗教的祭典と関係し，大きな市が立つのがふつうである。そしてメラ開催中は，ベンガルの田舎の町や村から，メラの会場行きの直通バスがひっきりなしに出る。地方の住人にとって，メラは絶好の買い物の機会となるだけでなく，楽しく待ち遠しい祭りなのである。

　聖地で祭りやメラが開催されることと，ベンガルにおける巡礼のシステムを結びつけているのは，周期的な農業暦である。世俗の人びとが聖地にやってくるのは，メラや祭りが開催されているときであり，その時期は，彼らの農閑期である。ベンガルで主要なメラや祭りが行われるのは，秋の米の収穫が終わり，もっとも気候のよい霜期と冬に集中している。

　GDBは，1988年の1年間に，合計7つのメラに出かけ，16日間滞在した。「なぜメラに行くのだい」というわたしの質問に，彼は，「メラが好きなんだよ。メラに参加することは大きな喜びだし，そのわたしの喜びを，ほかの人たちと分かち合うことができるからね」と答えた。わたしはナンセンスな質問をしたのかもしれない。というのは，おおくのバウルが，GDBとまったくおなじことを，判で押したようにいうからである。たぶん，彼らのいうことは本当なのだろう。しかしわたしは，彼らがメラに出かけるときには，いつも多数の「安全ピン」を持参するのを見逃さなかった。しかし，バウルがメラに行くのに，なぜ多数の安全ピンが必要なのだろうかと不思議に思った。

　世俗の人びとと世捨て人との関係を考察するために，インドの聖地ではどこでも観察される「ダルシャナ現象」についてふれておかねばならない。ダル

シャナ現象とは，ヒンドゥー教の聖者「サードゥー」に対する，世俗の人びとの態度の根拠となっている信仰形態である。「ダルシャナ」(darśana) という語は，「見ること」あるいは「知らせること」という意味である。ベンガル語の日常的な会話の文脈では，「ダルシャナを得る」とは「ちらりと見ること」であり，「ダルシャナを与える」とは「ちらっと姿を見せること」である。世俗の人びとにとっては，聖地を巡礼するサードゥーをちらっと見ることは，聖地の寺院に祀られた神像をちらっと見ることに相応するとされている。世俗の巡礼者は，敬けんなヒンドゥー教徒が神像を取り扱うのとおなじやり方で，サードゥーに丁重に接しなければならないのである。そして世俗の人びとは，サードゥーに食べ物や金品を与えて世話をしなければならないのである。それは，「ダルシャナを得た」ことに対する返礼である。しかしサードゥー自身は，「ダルシャナを与える」ほかには，俗人に対して何の義務もないのである。

世俗のヒンドゥー教徒は，聖地巡礼に行くことを誓う。彼は寺院の神像やサードゥーの「ダルシャナを得る」ために聖地に行き，そうすることによって，なんらかの宗教的利益を得ようとする。反対に，バウルは巡礼に行くと誓いはしないし，ダルシャナを得る必要もない。しかし，バウルが祭りやメラに行くのは，「ダルシャナを与える」ためなのだ。

祭りやメラの開催中，あちこちの寺院やアーシュラムなどの宗教施設には，大きなテントが張られ，マイクやスピーカー付きの仮設の舞台が準備される。バウルは，そのような宗教施設に集まり，ただ歌ったり踊ったりするだけだ。そこは，バウルが，あたかも「狂人」という彼らの名前にふさわしく，大声で歌ったり，はげしく踊ったり，荒々しく叫んだりできる場所なのだ。

「モホトショブ」(mahotsab) は，ヴィシュヌ教徒が賛歌（キールトン）をうたい，共食をして霊的な親交を深める祭である。1988年のバンクラ県の「ショナムキ・モホトショブ」のある夜，わたしはアーシュラムの脇に張られた大きなテントの片隅にすわっていた。そして，メディニプル県出身の「大卒バウル」と話していた。突然，テントの中央にいたひとりの老人が立ちあがり，大声でうたい激しく踊りだした。地面に転がりまわるかと思えば，今度はとびあがり，そして今度はけいれんを起こしたように激しく身をよじる。彼の歌や踊りはたいそう激しかったので，ついに彼は気を失って地面に倒れてしまった。

彼は死人のように，まったく動かなくなった。その状態がしばらくつづいた。しかし，テントに居合わせた何人かの人が，ひざまずいた姿勢で彼に近づき，彼の足に触り，そしていま彼の足に触った自分の手のひらにキスをしたのである。この行為は，「プロナーム」といって，ヒンドゥー教徒の，目上の人に対するもっとも丁寧な挨拶である。それは，わたしにとって，あまりに印象的なできごとだったので，あの倒れてしまった男はどこの誰かと，同席の「大卒バウル」にたずねた。彼は，尊敬の念にみちた笑顔で語った。「彼がどこに住んでいるのかは知らない。たった今，彼はパゴル（狂気）となった。わたしは以前にも，あのようにうたい踊っている彼を見たことがある。人びとが彼のことを『ケパ・ババ（狂人）』とよんでいるのを聞いたことがある」。

　倒れてしまった男の振舞は，ベンガルのボイシュノブ（ヴィシュヌ教徒）の作法を知らない人から見れば，まさに発狂した人のようだ。だが，彼は「ケパ・ババ」とよばれるにふさわしく振舞ったのである。ベンガルでは，より気狂いじみたしぐさのボイシュノブは，より神に近づいた人とみなされるのである。16世紀のベンガルの熱狂的な宗教運動の指導者チョイトンノの伝記には，彼がクリシュナを思慕するあまり狂気となったエピソードを満載している。狂気を意味する「ケパ」（khepā）や「パゴル」（pāgol）という語は，バウルのあいだだけでなく，ベンガルではたいへん敬意のこもった言葉なのである。

　バウルは，サードゥーのようなゲルア色の衣装を着て，つぎつぎと舞台にあらわれては，宗教的なバウルの歌にあわせて，いつもよりはいくぶん激しく踊る。バウルは，ちらっと姿を見せて，「ダルシャナを与えている」のである。お気に入りのバウルの姿を見て，おおくの巡礼者は，バウルの衣装に少額紙幣を「安全ピン」でとめて祝儀を与える。これは，世俗の巡礼者にとっては，「ダルシャナを得た」ことに対する返礼である。そして，その「安全ピン」は，バウルが持参したものなのである。バウルは，祭りやメラで「祝儀」がもらえると期待していたのである。

　「ジョイデブ・メラ」は，バウルにとってもっとも重要なメラである。このメラは，オジョイ川北岸のビルブム県ジョイデブ・ケンドゥーリ村で開催され，毎年ポウシュ月（12-1月）の最終日にはじまり，数日間つづく。

　ジョイデブ・ケンドゥーリ村は，12世紀のサンスクリット詩人ジャヤデー

ヴァの生誕地として有名である。またこの村は，この詩人が経験した「奇跡」によりヴィシュヌ派の聖地となった。その奇跡とは，詩人ジャヤデーヴァがガンガー（ガンジス川）の女神に教えられて以来，ポウシュ月の最終日には，ガンガーの水は水系的につながりのないオジョイ川に流れ入ると信じられている。ふだんはひっそりとしたジョイデブ・ケンドゥーリ村は，聖なるガンガーの水で沐浴しようとあつまった巡礼客であふれるのである。

　ジョイデブ・メラのような伝統のある大きなメラでは，毎年「メラ委員会」が組織される。委員会は，メラに出店する商人から出店料をあつめ，地元の商店から寄付を募り，メラの会場中に電灯を仮設したり，世俗の巡礼者のための案内所や医務室用のテントを張ったりする。収穫後の稲田もメラの会場になるからである。しかし，もっと大事なことは，委員会は米や野菜，燃料，テントに敷きつめるわら（藁）などを大量にあつめて，ジョイデブ・ケンドゥーリ村のすべての寺院やアーシュラムに供給することである。なぜなら，メラの時期だけにぎわうジョイデブ・ケンドゥーリ村には，ホテルやツーリスト・ロッジなどの宿泊施設がないからである。メラ開催中，寺院やアーシュラムに張られた大きなテントは，無料宿泊施設となるのである。寺院やアーシュラムのセバイタ（奉仕者）は，宿を求める人びとに対して寛大である。しかし彼らは，世俗の巡礼者には，寄付や布施をそれとなく求めることを，けっして忘れないだろう。

　このように，メラ委員会は，ジョイデブ・ケンドゥーリというベンガルのひとつの宗教的中心地の経済に，大きな役割を果たしている。委員会のおかげで，メラ開催中，セバイタや商人はもちろん，世俗の巡礼者，それにサードゥーや乞食など，すべての人がほかの人から恩恵を受けている。バウルは，寺院やアーシュラムの無料宿泊施設を利用し，巡礼者からの祝儀を期待してメラに参加する。寺院やアーシュラムは，マイクやスピーカーをバウルに提供する。バウルもそれにこたえて，メラの雰囲気を盛りあげる。バウルの歌と演奏は，メラ開催中，昼も夜も途切れることなしにつづく。バウルの歌や踊りで盛りあがった寺院やアーシュラムのテントには巡礼者があふれる。寺院やアーシュラムは，バウルの歌と音楽を売り物に，巡礼者を獲得するのである。なかには，「フォキルとバウルの音楽愛好会」（フォキル・バウル・アクラ fakīr bāul ākhṛā）と書かれた横断幕を，堂々と掲げるアーシュラムも存在するのである。（写真 11 参照）

　バウルは，ときには列車のなかで不本意な施しを受け，屈辱的な経験もする。しかし祭りやメラでは，世俗の巡礼者はバウルを尊敬し，バウルの歌をよろこんで聴き，いくつもの祝儀をよろこんでバウルに与えるのである。そこでは確かに，バウルと世俗の巡礼者は，たがいに大きな喜びを得，彼らの喜びをたがいに分かち合っているのである。

　ヒンドゥー教徒が聖地巡礼に行くのは，主として農閑期であるように，現代の非宗教的な巡礼者ともいえる観光客が観光地にやってくるのは，主として気候がおだやかな季節である。「10 ルピー・バウル」と自称する GDB は，詩人タゴールで有名なシャンティニケータンを訪れた外国人観光客や，遠来の客をもてなす近所の金持ちのベンガル人に請われて，ときどきバウルの歌をうたうことがある。そのようなとき，彼が受け取る金額は，ふだんのマドゥコリの 1 日の稼ぎにくらべてはるかに大きい。そしてそれは，一時的には彼の家庭を潤す。

　反対に，人びとが観光に行くのを避ける夏や雨季は，バウルにとっても，村へマドゥコリに行くのが困難な時期である。ベンガルの夏には，「ルー」（lū）とよばれる熱風が何日もつづく。手に触れるものは，すべて熱く感じられる。人びとは，日中は小さな窓やドアを閉め切り，厚い土壁に守られた部屋の床に水をまき，じっと室内に留まっている。雨季になれば，すこしは涼しくなる。しかし，雨季には時には川があふれ，道が流される。

　GDB は，常々，列車のなかでうたって稼ぐよりも，村でマドゥコリをするほうが好きだという。それにもかかわらず，夏や雨季には，列車のなかで稼ぐ回数が増える。その時期そこには，バウルという「商売がたき」がたくさんいるはずなのに。

第 4 章　人間関係

　この章では，バウル自身のあいだに存在している社会的な人間関係にもう少し接近してみよう。考察の対象となるバウルは，特定のグルに弟子入りを許され，入門したと明言するバウルである。

4-1. 師弟関係

　バウルにとってもっとも重要な関係は，彼と彼の肉体に宿る「心の人」（モネル・マヌシュ moner mānuṣ）とよばれる神との関係である。その関係は内面的なものである。しかし，バウルにとって宗教的・社会的な意味でより重要なのは，この内面的な関係を仲介し反映する彼のグルとの関係である。弟子にとって，グルは宗教上の導師である。またグルは，日常生活上の助言者でもある。しかし，それ以上の存在とも考えられているのである。

　「グルは神なり」という考えは，インドでは，出家者や在家者を問わず，幅広く承認されている観念である。このことは，グルの同義語として「グル・デブ」（guru deb）や「グル・タクール」（guru ṭhākur）がしばしば用いられることにも象徴的に表れている。「デブ」や「タクール」の単語としての意味は「神」である。弟子にとって，グルは「神のような存在」なのである。あるいは，グルは「神よりも有能な存在」とも思われているようである。このことは，15世紀初期の詩人で，ベンガルのバクティ（親愛）文学の先駆けとなった「チョンディダシュの物語」にも語られている。

　チョンディダシュの物語というのは，バラモン階級出身のチョンディダシュと洗濯女ラミーとの愛の物語である。それはカースト規制の厳しかった当時のベンガルではスキャンダラスな事件だった。チョンディダシュは，一般の人たちからだけでなく，家族や親戚，同僚たちからも非難され，苦悩していた。しかし，チョンディダシュが崇拝する女神のバスリ[49]は，「ラミーは，だれひとり

---

[49] バスリ（Bāśulī）は，ベンガルの女神で，シヴァ神妃ドゥルガー（Durgā）の別称チャンディー（Caṇḍī）と同一視されている。

として教えることのできない真理をお前に教え、神でさえも導かないような無上の喜びにお前を導くだろう」と告げて、洗濯女ラミーに対する彼の愛に忠実であるように諭した、といわれている [Sen, D.C. 1986：115-135]。チョンディダシュにとって、洗濯女ラミーはグルであり、神よりも有能な存在なのである。

男性のバウルにとって、グルと弟子の関係は、父と息子の関係と同じだとされる。しかし、これはあくまでも「関係」のことであって、年齢差は重要ではない。グルと弟子が同世代のこともあるし、年下のグルが年上の弟子の「父」であることもありうるのである。

この擬制的親族関係は、ベンガル語の親族名称をともなってひろがってゆく。グルの妻（グル・パトニー guru patnī）は、弟子にとっては母のような存在である。したがって、弟子は彼女のことを「グル・マー」(guru mā) とよぶ。また、グルを共有するキョウダイ弟子は「グル・バイ」(guru bhai) とよばれる。

グルに対する重罪を「グル・パープ」(guru pāp) という。とりわけ、「グルを殺すこと」(guru hattya)、「グルの妻をかどわかすこと」(gurupatnī haroṇ)、「グルの妻と性交すること」(gurupatnī gomon) は三大重罪で、それらは親殺しや近親相姦と同じとみなされているのである。

年輩のバウルによると、昔のグルは弟子をきびしく鍛えたようである。弟子は歌を習うために、グルのアーシュラムに頻繁に通い、そのたびに数日滞在するのが常だった。そして、弟子のアーシュラム通いは、グルが亡くなるまでつづくのである。

グルのアーシュラムに滞在中、弟子は午前中にマドゥコリに出かける。弟子に扶養家族がいる場合、弟子は稼いだものを二等分し、半分を師に与え、残りの半分を自分のものとすることができる。食事の世話はグル・マーがしてくれる。しかし水汲み、まき割り、草むしりなどアーシュラムの力仕事はすべて弟子の仕事である。アーシュラムに牛がいる場合、牛の世話も弟子の仕事である。グルの使い走りなどの雑用もしなければならない。さらに、グルが水浴するときには、身体や手足に油をぬり、マッサージをする。このような師に対する弟子の義務をすべておえて、やっと歌を一曲お願いすることができるのである。

グルのなかには、自分のアーシュラムをもたず、弟子の家を巡回して教える人もいる。その場合、グルは弟子の家に数日滞在する。その間、弟子はグルの

身の回りの世話をしなければならないのである。

　先述したように，ベンガルのバウル派には，ふたつの通過儀礼が存在する。まず第1は，「バウル派への入門式」の「ディッカ」である。ディッカを与えたグルは「ディッカ・グル」とよばれる。そして第2は，「世捨て人の身分への通過儀礼」の「ベック」である。ベックを与えたグルは「ベック・グル」とよばれる。

　ディッカのあと，「シッカ」とよばれる一連の宗教的トレーニングが行われることがあり，そのグルは「シッカ・グル」とよばれる。シッカ・グルはディッカ・グルと同一人物であってもよいし，別人であってもよい。また，複数のシッカ・グルをもってもよい。歌を一曲習っただけのグルも，「シッカ・グル」とよばれるのである。

　インド社会における師弟関係の重要性と，紀元前のウパニシャッド文献以来の「グル・シッショ・ションバード (guru śiṣya sanbād)」，すなわち「グルと弟子の対話や問答の記録」という伝統は，けっして過小評価すべきではない。

4-2. ディッカ・グル

　特定のグルに入門を希望する弟子は，ディッカの前に，グルに入門の許可を求めなければならない。しかし，すんなりと許可されるとはかぎらない。場合によっては断られることもある。いずれにせよグルの許可を得て，はじめてディッカの通過儀礼が行われるのである。

　グルがディッカで最初に行うことは，弟子の耳に「ディッカ・マントラ」を吹き込むことである。このディッカ・マントラによって，ふたりのあいだに師弟関係が成立するのである。そして，グルはさまざまなマントラを，つぎつぎと弟子の耳に吹き込む。各マントラの音節ごとに，弟子はグルのあとについて復唱する。弟子が最後のマントラの復唱を終えると，グルは弟子に，それらのマントラが弟子を生涯守護すると説明する。この説明によって，ふたりの師弟関係は，一生涯にわたるものであることが確認されるのである。

4-3. シッカ・グル

　「バウルの道」には4つの宗教的段階が存在する。すなわち，まず最初が

「無知の段階」(mūrtha)，第2番目が「準備の段階」(prasttati)，そして第3番目が「サドクの段階」(sādhak)である。このサドクの段階に入って，弟子はサードナの実践を許可される。そして弟子が，自分の肉体に住む「心の人」とよばれる神と合一し，神を実感したとき，最後の「成就の段階」(siddhi)に達するのである。

シッカ・グルの役目は，弟子を「無知の段階」から「準備の段階」へと招き，「サドクの段階」へ導くことである。グルにとっても，弟子にとっても，とりわけ重要なのは「準備の段階」である。

最初のレッスンのとき，シッカ・グルは，まず弟子の耳に「シッカ・マントラ」を吹き込む。このシッカ・マントラによって，ふたりのあいだに師弟関係が成立し，一連の宗教的トレーニングが開始されるのである。そして弟子は，宗教的トレーニングを受けはじめたのであるから，「無知の段階」から「準備の段階」へ自動的に進級するのである。

シッカ・グルは「準備の段階」で，バウルの歌を通じてバウルの宗教や儀礼を教えるだけではない。ヨーガの坐法や呼吸法なども教え，弟子を鍛えるのである。グルは弟子の指導に全力をつくす。しかし同時に，弟子は「自分の精神と肉体の開拓」に努力しなければならないのである。

この「準備の段階」におけるグルと弟子の関係は，全面的に信頼しあった人間と人間のぶつかりあいである。グルも弟子も自分をさらけ出さねばならない。そして，グルと弟子の間では，羞恥心や嫌悪感や恐怖心は禁物である。なぜならば，バウルのサードナには性的儀礼や，宇宙を構成する五粗大元素，すなわち「地」「水」「火」「風」「空」を，人間の器官や分泌物にたとえておこなわれる儀礼などをともなうからである。

「準備の段階」における一連の宗教的トレーニングは，ときには数年間におよぶ。そしてグルは，彼の弟子がサードナの実践に成功すると確信したとき，「準備の段階」から「サドクの段階」への進級を許可するのである。

4-4. サドクとサディカ

「サドクの段階」への進級を許可された男性の弟子が独身者の場合，バウルのサードナを実践するために，彼には女性のパートナーの「サディカ」が必要

となる。グルは弟子にサディカを探すようにと示唆する。そのとき，パートナーを探す基準として，しばしば先述の「チョンディダシュの物語」が語られる。つまり，パートナーとして不可触民の女性をすすめているのであるが，これは絶対的なルールではない。

　弟子が女性パートナーを見つけると，グルの前で「ネックレスとビャクダンの練り粉の交換式」（マーラー・チョンドン mālā candan）が行われる。交換式には，きめられた手順があるわけではない。彼は，彼女の首に彼の「ネックレス」（マーラー）をかけ，彼女は彼女のものを彼の首にかける。彼は，「ビャクダンの練り粉」（チョンドン）で彼女の額に「印」（ティラク tilak）をつけ，彼女が同じことを彼にする。それで終了である。そして彼らは，その日のうちに同居をはじめる。

　彼らは同居するようになったのであるが，それは結婚したという意味ではない。彼らは，たがいに尊敬しあう「サドク」（sādhak 男性修習者）と「サディカ」（sādhikā 女性修習者）なのである。ベンガル語には，「シャミ」（svamī 夫）と「ストゥリー」（strī 妻）という夫婦関係をしめす親族名称が存在するが，宗教的に上級段階に進級したバウルのあいだでは，それが否定されているのである。

　われわれにとって衝撃的なのは，「サドクの段階」に進んだバウルには，それ以後「子どもがいない」という事実である。サドクとサディカの関係は，「夫」と「妻」ではなく，恋人同士の「ナヤカ（nāyaka）」と「ナイカー（nāyikā）」なのである。恋人同士のナヤカとナイカーの目的は，子どもをつくることではない。いやむしろ，子どもをつくってはいけないのである。

4-5. ベック：夫婦関係の清算

　「結婚した夫婦にとって，もっとも大切な義務は男子をもうけることだ」という考えは，インドではその歴史を通じて広く受け入れられている。このことは，現代のベンガルにおいても同様である。

　フィールドワーク中，わたしはしばしば近所の村びとから結婚式に参列するようにと招待をうけた。わたしの観察によると，ヒンドゥー教徒の結婚式のクライマックスは，新郎が新婦の髪の分け目に「朱色の粉で印をつける場面」

（シンドゥール・ダン sindūr dān）である。

　一連の神への奉納の儀礼のあと，新郎と新婦は聖火の北側に立つ。そして新郎は，ギー（精製バター）と水による清めの混合物を新婦の頭に振りかける。そのあと新郎は，新婦の髪の分け目に朱色の粉で印をつけ，彼女のサリーの端を顔まで引き降ろす。この行為によって，夫は象徴的に妻の子宮に入り，家族の継承者となる息子を産むという目的のために，彼女の子宮の血液を活性化させるのである。彼女の額にはじめてこの朱色の印をつけ，ベールを引き降ろすことによって，夫は彼女を，彼の貞淑で誠実な生涯の妻とすることができるのである。これ以後，彼女は出産可能な既婚女性のシンボルとして，「朱色の印」を髪の分け目につけ続けるのである。

　もし夫が先に亡くなった場合，寡婦となった彼女は，この「朱色の印」を拭い去らなければならない。この行為によって，彼女は象徴的に彼女自身の生殖能力を不活発にするのである。そしてそれ以後，彼女は色物のサリーの着用をやめ，腕輪などの装身具を外し，ヒンドゥー教徒の寡婦のシンボルとして，「白い布地の衣装」（サダ・トン・カポール sādā ṭana kāpoṛ）を着用しなければならないのである。

　それではバウルの場合はどうであろうか。特定のグルに入門し，一連の宗教的トレーニングを受けたバウルのおおくは，彼らがディッカやシッカを受けた時点で，すでにマドゥコリの生活を採用し，バウルになっていた。そして，たいていの場合，彼らはすでに結婚していた。彼らの関係は「夫」と「妻」だったのである。結果として，彼らがディッカやシッカを受けたとき，彼らにはすでに「子どもがいた」のである。しかし，わたしの資料によると，彼らのおおくは夫婦そろってディッカやシッカを受けていた。そして，ふたりそろって「サドク」と「サディカ」になっていた。

　それでは彼らは，どのようにして彼らの夫婦関係を清算し，サドクとサディカになったのであろうか。ビルブム県のラムプルハートに住む43歳のニッティヤナンダ・ダシュ・バウル（以下，NDB）は，次のように語った。

　「わたしは16歳で結婚しました。妻はそのとき14歳でした。わたしたちの結婚は，双方の親によって取り決められました。間もなく，わたしたちには息子と娘が生まれました。わたしが21歳のとき，ひとりの人目をひくバウルに

出会いました。スリバス・チャンド・ゴスワミ師（Sribas Chand Goswami）のことです。彼はバンクラ県出身で、ラムプルハートから東に8キロのT村に定住したばかりでした。彼の語ったすべての言葉に、わたしは深い感銘をうけました。わたしは、彼こそが『わたしの探していたグルだ』と思いました。わたしは彼に、弟子にしてほしいとお願いしました。こうして、わたしは妻と一緒に、彼からディッカとシッカを受けました。ある日、彼はわたしたちに、『君たちにはすでに息子と娘が生まれたのであるから、君たちには両親としての責任がある。しかし、バウルの道を追求したいと願う君たちは、夫と妻である必要はない』と語りました。わたしたちはグルの助言に従い、ベックを受けました。わたしは彼から、新しい「ドリ・コウピン」を受けとりました。それ以来、妻は額の「シンドゥール」を拭い去り、腕輪などの装身具をはずしました。わたしたちは、夫と妻の関係を清算し、サドクとサディカになったのです。それ以後、わたしたちには子どもが生まれていません」。

　NDBの語りに、すこし補足が必要だろう。NDBと彼の妻にとって、ディッカ・グルとシッカ・グル、ベック・グルは同一人物である。NDBと彼の妻は、ディッカを受け、一連の宗教的トレーニング（シッカ）をうけはじめたので、彼らは「無知の段階」から「準備の段階」へと自動的に進級した。彼らは、バウルの歌を通じてバウルの宗教や儀礼を学んだ。さらにNDBは、ヨーガの修行を通じて自己鍛錬にはげんだ。ヨーガの修行は、とくに男性の弟子にとっては重要である。そしてグルのSCGは、NDBと彼の妻がサードナの実践に成功すると確信したので、「サドクの段階」への進級を許可したのである。彼らは、「サドク」と「サディカ」になるために、ベックの通過儀礼をうけたのである。

　ベックは「世捨て人の身分への通過儀礼」である。しかしこの儀礼によって、NDBはヨーガ行者のシンボルである「ドリ・コウピン」を受けとり、彼の妻は既婚女性のシンボルである「額の朱色の印」（シンドゥール）を拭い去ったのである。彼女は象徴的に、彼女自身の生殖能力を不活発にした。そして彼女は、腕輪などの装身具をはずし、多色のサリーの着用をやめ、「ゲルア色（黄土色）」の衣装を着用したのである。ゲルア色の衣装は、ヒンドゥー社会では世捨て人のシンボルである。この儀礼によって、彼らは「世捨て人」として生

まれ変わっただけでなく,「夫」と「妻」という彼らの以前の属性をも失い,「サドク」と「サディカ」として生まれ変わったのである。ベックの通過儀礼は,「夫婦関係清算の儀礼」でもあるのである。

第5章　宗教生活

5-1. はじめに

　バウルの宗教儀礼は，かぎられたメンバーだけに知らされる秘儀である。このことと関連して，わたしがふたりのグルに弟子入りし一連の教えを受けたことと，秘儀とされる儀礼の記述について，一言述べておく必要があるだろう。

　わたしのグルのひとりは，バンクラ県K村のSDBである。彼はライフヒストリーの語り手として登場した「グラメール・バウル」である。もうひとりのグルは，やはりライフヒストリーの語り手として登場した「振り子行者」が，自分の「孫」と語ったビルブム県N村のGHDである（以下，「孫バウル」と称する）。

　「グラメール・バウル」は，今日，もっとも有名なバウルのひとりである。彼は，音楽的技量や宗教的知識に卓越したバウルとして，ほかのバウルから一目置かれている。わたしは，彼のライフヒストリーを聞くために，せっせと彼のアーシュラムに通っていた。1回の訪問に，4日ないし5日滞在するのが常だった。ライフヒストリーの「語り手」である彼と，「聞き手」であるわたしとの関係は良好だった。最初の訪問から数ヵ月が経過した。彼の話はいよいよ佳境に入ってきた。しかし，彼はある日突然，「もうこれ以上インタビューに応ずることはできないので，今後アーシュラムに来ないでほしい」と，わたしに通告した。わたしは，何か失礼なことをしでかしたのではないかと心配した。しかし，そうではなかった。彼は，儀礼を含めた宗教生活に話題がおよぶのをおそれたのである。バウルの宗教儀礼は，もっぱらグルから弟子へと伝承される事がらである。彼は，部外者であるわたしに，それを話すことができなかったのである。わたしは彼に，「あなたのお話をもっと聞きたいのですが，どうすれば可能ですか」とたずねた。彼はしばらく考え込んだあと，「グルと弟子の関係が成立すれば可能です。わたしはあなたを弟子にしましょう」と答えた。こうして，わたしは「グラメール・バウル」の弟子になったのである。

わたしは，ビルブム県 JK 村の「振り子行者」とよばれる老バウルのライフヒストリーを聞くために，彼のアーシュラムに何度も通っていた。それは5度目か6度目の訪問のときだった。話題はバウルの師弟関係についてだった。彼の話が途切れ，しばらく間があいた。そしてまた，ぽつりぽつりと語りはじめた。「グルと弟子の関係は，父と息子の関係とおなじです。…その意味では，わたしには孫がひとりいます。…わたしの孫は健康で利発な子でした。その孫がすくすくと成長して，みごとなバウルになりました。…彼は本物のバウルになるように訓練されたので，並のバウルではとても彼に太刀打ちできません。わたし自身も，彼が物心つくころから，知っていることはなんでも教えました。…わたしの孫は，まだ30代の若いバウルですが，彼こそわたしの後継者にふさわしい。わたしは，わたしに存在した責務のすべてを，今では彼にゆだねています。…わたしが使者を送れば，彼はここにやってきます。もしご希望なら，彼を紹介しましょう」。もちろん，わたしは彼を紹介してもらった。こうして，わたしは「振り子行者」の「ひ孫」になったのである。

　「グラメール・バウル」と「孫バウル」のふたりは，たがいに面識がない。また，彼らのグルの系譜もことなっている。しかし，バウルの宗教儀礼に関するふたりの知識は，細部においては多少のちがいはあっても，大筋においては共通の内容をもっていた。

　入門して間もなく，わたしはふたりのグルに，「バウルの研究報告書には，宗教儀礼についての記述も不可欠なので，許される範囲で執筆したい」と，正直に希望を述べ，許可を求めた。しかしながら，バウルの宗教儀礼の秘密性に関して，彼らはいくぶんちがった意見をもっていた。

　「グラメール・バウル」は，「バウルの宗教儀礼は，もっぱらグルから弟子へと伝えられる事がらであり，部外者に対しては秘密を守らねばならない」と，慎重な意見を述べた。これに対し「孫バウル」は，「バウルの宗教は『人間の宗教』（マヌシェル・ドルモ）なので，興味のある人は，誰でもそれを知る権利がある」と，寛大な意見を述べた。そして，さらに語った。「あなたは，バウルの宗教儀礼のすべてを執筆してもよろしい。しかし，あなたにはそれができないでしょう。よく熟したマンゴーの味はあまりにおいしすぎて，それを食べたことがない人には言葉で説明できない。それと同じように，あなたは，あ

なたの経験したことを，それを経験したことのない人には言葉で説明できない。しかし，あなたの読者の何人かがバウルの宗教に興味をもち，あなたのところにやってくるだろう。そのときには，彼らが望むことは，なんでも教えてあげなさい。もしあなたが教えるのに苦労すると思うなら，その人たちをわたしに送りなさい。わたしが教えましょう」。

　本章の執筆に際して，わたしが見つけた解決策は，ふたりの言葉の組み合わせである。バウルの宗教儀礼に関する事がらで，誤解を受けるおそれのある儀礼については，わたしは執筆しない。しかし，わたしが執筆してもよいと判断した事がらについては，えん曲な表現ではなく，率直に記述しなければならないと思う。そのあと，もし誰かがわたしのところにきて本気で望むなら，わたしは，わたしが学んだことを直接伝達してもよいと思う。

5-2.「人間の肉体は真理の容器」

　詩人タゴールと，彼が創立したヴィシュヴァ・バーラティ大学の同僚のK.M. センは，バウルの歌を採集し世に紹介したパイオニアである。タゴールとセンは，彼らの著作のなかで，とくにつぎの2点を強調した。まず第1に，バウルが追求する自由は，すべての外見的な強制からの自由である。したがってバウルは，人間を区別するカーストやカースト制度などをいっさい認めない。またバウルは，偶像崇拝や寺院礼拝などをいっさい行わない。そして第2に，バウルにとって，神はそれぞれの人間の肉体に住んでいる。したがって，「心の人」（モネル・マヌシュ moner mānuṣ）が安置されている人間の肉体は，この世の中でもっとも神聖なものである［Tagore 1922, 1931］［Sen, K.M 1931, 1954, 1956, 1961］。

　「心の人」とは，「バウルにとっての神」あるいは「人間の肉体の深い次元に潜む霊的本質」を表現する概念であり，バウルの歌ではいくつもの言葉でよばれる。「モネル・マヌシュ」（心の人）はその代表的なもので，そのほかには「オドル・マヌシュ」（adhar mānuṣ 捉えられぬ人），「ショナル・マヌシュ」（sonār mānuṣ 黄金の人），「オチン・パキ」（ocin pākhī 未知の鳥）などとよばれる。

　タゴールとセンの影響により，その後，膨大な数のバウルの歌がベンガル人

学者によって採集され，なかには注釈つきのりっぱな歌集として出版された。これら歌集の解説や，歌にそえられた注釈をみると，タゴールとセンのバウルの歌や宗教についての解釈は，長い間，ほぼ定説として支持されていたようである。

　しかし，ウペンドロナート・バッタチャルジョは彼の 500 曲以上も集めたバウルの歌集の解説で，タゴールとセンの説に異議を申し立てた。彼は，バウルの宗教の特徴は秘密の教義とヨーガの実践を通じておこなわれる性的儀礼にある，と主張した。また彼は，バウルの宗教を形成している 5 つの要素として，(1) バウルの宗教の非ヴェーダ的特色と，タントリズムなどほかの非正統的な宗教との類似性，(2) 理想的人間の姿であり，神の本当の姿とみなされる導師（グル）に対する礼拝，(3) 神は人間の肉体に住んでいるというバウルの教義，(4) バウルの「心の人」という概念，そして (5) 人間の男女の本質は，クリシュナとラーダー，あるいはシヴァとシャクティである，と主張した [Bhattācāryá, U. 1981：291-368]。

　いずれにせよ，バッタチャルジョの新説は，インド人研究者だけでなく，アメリカ人学者にも大きな影響を与えたようである。たとえば，バウル音楽の研究家キャプウエルは，バウルの歌を聞いたり読んだりするときには，タントリズムのもつ象徴性を心にとどめておく必要がある，と力説している [Capwell 197：255-264]。一方，一部の学者，とくに東ベンガル出身の研究者は，バウルの歌に頻繁にでてくるイスラム用語に注目し，バウルに対するイスラムの影響を主張している。たとえば，カリムは，バウルの歌はイスラムの伝統，とくにスーフィズム（イスラム神秘主義）の伝統を通じて解釈されるべきだ，と主張している [Karim 1980：passim]。

　このように，バウルがヒンドゥー教徒なのか，タントラ教徒なのか，あるいはスーフィー神秘主義者なのかという問題は，バウル研究者の間でしばしば論争となり，いまだに決着がついていない。しかしわたしは，この問題に決着をつける必要はないと考えている。なぜなら，バウルはそれらのうちのどれかでありうるし，それらすべてでもありうるし，また，それらのどれでもないこともありうるからである。

　バウルの歌は，その内容からみると 2 種類に分類できる。第 1 は，「ショブ

ド・ガン」とよばれ，主として娯楽のためにつくられた「ことば遊びの歌」である。第2は，「トット・ガン」とよばれる歌で，バウルの「宗教や儀礼にもとづいた歌」である。バウル研究者は，彼らの主張に関係なく，バウルの歌をテキストとして使用してきた。そして研究者は，当然のことながら「トット・ガン」に焦点をあて，バウルの宗教を分析してきたわけである。それにもかかわらず存在する研究者間の主張のちがいは，彼らが，それぞれ異なったセットのバウルについて議論していることに起因するように思われる。

　このように，バウルの宗教にはいくつもの宗教的伝統が流れこんでいる。しかし，バウルの宗教の核心的な部分は，「サードナ」とよばれる宗教的儀礼の実践にある。そしてこの実践的なサードナのすべては，「人間の肉体は，真理の容器」という信仰にもとづいている。バウルはこの信仰のことを，「デホ・トット」（deha tattva）とよんでいる[50]。

　バウルはこの「デホ・トット」を，「ジャー・ナイ・バンテ，ター・ナイ・ブラフマンテ」と説明する。「バンテ」と「ブラフマンテ」は，それぞれ「バンタ」（bhānta）と「ブラフマンタ」（brahmānta）の目的格である。「ブラフマンタ」というのは，森羅万象を包容する「宇宙」のことであり，宇宙の真理としての「神」のことである。「バンタ」というのは，「容器」のことであり，万有の容器としての人間の「肉体」のことである。直訳すると，「この肉体にないものは，この宇宙にはない」ということである。逆もまた真なりで，「この宇宙にあるものは，この肉体にすべてある」となる。

　この信仰をもう少し整理すると，ふたつの原理に分解できる。（1）人間の肉体は，宇宙にあるひとつの「もの」であるだけでなく，宇宙の「縮図」である。（2）人間の肉体は，神の「住処（すみか）」であるばかりでなく，神を実感するための唯一の「媒介物」である。つまりバウルは，人間の肉体を小宇宙とみなし，みずからの肉体に宿る神と合一するために，みずからの肉体を駆使してサードナを実践するのである。

　ここで，後の議論の準備もかねて，この「デホ・トット」について簡単にふ

---

[50] ベンガル語の辞書は，この「デホ・トット」を，"the doctrine that the body is the seat of all truths" と説明している。（SAMSAD Bengali—English Dictionary, Revised & Enlarged Second Edition, 1987.）

れておきたい。

　わたしは，フィールド・ワーク中，おおくのバウルから，人間の肉体には神が住んでいるばかりでなく，そこには宇宙を構成する五粗大元素，すなわち「地」「水」「火」「風」「空」が存在すると，なんども聞かされた。固体は「地」によって象徴され，液体は「水」によって，白熱体は「火」によって，気体は「風」によって象徴される。「風」が「空気（気体）」に対応し，「空」が「エーテル」に対応する。しかし化学的な「エーテル」ではなく，古代人が想像した，天空にみなぎる「精気」をさす。

　バウルによると，人間の肉体には，感覚器官では知覚できない「微細身」（シュッコ・デホ sukṣma deha）が存在するという。そして，この微細身には，「プラーナ」（prāṇa），すなわち「宇宙にみなぎる生命力としての気」が流通する経路が数万本あるという。それらのなかでもっとも重要なのが，脊柱を貫通して流れる「スシュムナー」（suṣumṇā）である。スシュムナーは，脊柱そのものよりも，その中を通ずる「管」で，しばしば「脊髄神経」に比定されるが，仮想の「微細身」に属するものであるから，現実の脊髄神経と同一視しない方がよい。

　バウルは，人間の肉体には，脊柱基底部から頭頂部に沿って垂直に配列された7つの「チャクラ」（cakra），すなわち生命のエネルギーの集積する「輪」が並んでいると信じている。それらのチャクラは，スシュムナーによってつながっている。またチャクラは，「ハスの花」で表現され，それぞれ異なる数と色の花びらをもっている。さらに，下部の5つのチャクラは，それぞれ宇宙を構成する五粗大元素の存在する場所とされる。バウルは，それらのチャクラの形態や色彩，位置について，タントリズムからアイデアを借用しているようである。

　ヒンドゥー・タントラによれば，7つのチャクラとハスの花びらの数，色，対応する五粗大元素，そしてその位置はつぎのとおりである。（1）4枚の花びらの「ムーラーダーラ・チャクラ」（mūlādhāra cakra）には，黄色の固体「地」が存在。位置は骨盤の基底部，すなわち会陰部。このチャクラは，生命の力「クンダリニー」（kuṇḍalinī）が，蛇の形をとってとぐろを巻いて眠っている場所とされる。（2）6枚の花びらの「スヴァディシュターナ・チャクラ」

(svādhiṣṭhāna cakra) には，白い液体「水」が存在。位置は生殖器付近。(3) 10 枚の花びらの「マニプーラ・チャクラ」(maṇipūra cakra) には，赤い光熱体「火」が存在。位置は臍（へそ）付近。(4) 12 枚の花びらの「アナーハタ・チャクラ」(anāhata cakra) には，緑色の気体「風」が存在。位置は心臓付近。(5) 16 枚の花びらの「ヴィシュッダ・チャクラ」(viśuddha cakra) には，灰色のエーテル「空」が存在。位置は喉（のど）。(6) 2 枚の花びらの「アージニャー・チャクラ」(ājiñā cakra) の色は純白。位置は額の中央，すなわち眉間（みけん）。(7) 千枚の花びらの「サハスラーラ・チャクラ」(sahasrāra cakra) の色は，太陽の輝く色。位置は頭頂部である［Rawson 1973：7-30］［Woodroffe 1980：50-58］「松長 1981：85-98」。

図2 「7つのチャクラ」

もちろん，個々のバウルのそれらの知識は，必ずしも正確ではない。しかし，原理は同じである。宇宙の構造の両極が天国と地獄であるように，チャクラの相対的な位置と役割は，その両極にみることができる。最下部のチャクラは，生命の根源的な力（シャクティ）が湧きあがってくる場所であり，性的行為に関係している。それに対し，最上部のチャクラは，純粋に形而上学的な存在レヴェルに関わっている。チャクラやスシュムナー管のおかげで，頭部にいるとされる神は最下部にまで下りてくることができる。そして，最下部に下りてきた神が，ふたたび最上部にまで上昇できる。そのことが重要なのである。これについては，あとで詳しく述べることになる。

5-3. 性的エネルギーの制御

　世俗のヒンドゥー教徒にとって，「ダルマ」（社会規範）を遵守すること，「アルタ」（実利）を追求すること，そして「カーマ」（性愛）を交歓することが，人生の三大目的とされ，この三つを充足しつつ家庭をいとなみ，子孫をのこすのがひとつの理想とされてきた。バウルは，明らかに，「ダルマ」と「アルタ」を放棄している。彼らが主張するように，「バウルの道の第一歩は，マドゥコリの生活を採用すること」ならば，それはカーストの義務と富の追求の放棄を意味する。実際，バウルのライフスタイルは，貧困生活とカーストの義務からの自由を強調している。しかしながら，バウルにとって，「カーマ」は世捨てのもつ意味合いと矛盾するようにみえる。

　バウルはマドゥコリの生活をしているが，彼らは「禁欲主義者」ではない。バウルは，ヨーガの坐法や呼吸法の有効性を認めるけれど，インドの出家修行者がしばしば主張する「苦行や禁欲」を「シュコノ・ポト」（śukanō path パサパサした道）といって否定する。そして，自分たちのバウルの道を，「ロシク・ポト」（rasik path みずみずしい道）とよぶ。しかし，バウルは「快楽主義者」ではない。むしろ，「カーマ」の危険性も十分に認識している。バウルは，出家修行者が主張する「性欲は，感覚的な喜びのもっとも強い形であり，人が性的充足の必要性を感じたとき，ほかのすべての欲望に対する自制が失われる」という意見に同意する。だからこそ，バウルは，「ブロフモチョルジョ」（brahmacarýa）を重要視するのである。

「ブロフモチョルジョ」とは，一般的な用法では，バラモン教徒が生涯に経過すべきものとして『マヌ法典』が規定する「四住期」（アーシュラマ）の，最初の「学生期」をさす。これによると，バラモン教徒すなわちシュードラを除く上位のヴァルナ（バラモン，クシャトリヤ，ヴァイシャ）は，師のもとでヴェーダ聖典を読誦し，祭式の施行法を学ぶ「学生期」，結婚して男児をもうけるとともに，家庭内の祭式を主宰する「家住期」，息子に家を託して森林に隠棲する「林棲期」，そして諸国を遍歴し托鉢のみによって生活する「遊行期」の4段階を順次に経るものとされ，各段階に厳格な義務が定められている。
　しかし，「ブロフモチョルジョ」とは，ここではバウルの用法にしたがって，「性的エネルギーの制御」，あるいは「精液の保有」のことをさすことにする。
　それでは，「みずみずしい道」の信奉者であるバウルによって実践されている「ブロフモチョルジョ」とは，どのような方法とテクニックなのだろうか。
　ベンガルのヴィシュヌ派は，「カーマ」（kāma）と「プレーマ」（prema）を，はっきりと区別している。どちらも「性愛」に関することなのであるが，彼らによれば，「カーマ」は自分を満足させたいという欲望であり，「プレーマ」はクリシュナを満足させたいという欲望だとされる［Dimock 1966：162-163］。
　バウルもまた，この区別を認めている。しかしそれは，バウルが「カーマ」を否定しているという意味ではない。「みずみずしい道」を選んだバウルのブロフモチョルジョの方法は，「カーマ」を「プレーマ」に変化させる方法である。まさにミルクからギー（ghi 精製バター）を抽出するように，バウルは，「カーマ」を精製したものが「プレーマ」だ，と考えているようである。そして，ミルクなしにはギーを作れないように，「プレーマ」は「カーマ」の存在なしには得ることができないと思っているようである。「人は性欲に支配されている」ということを，バウルは認めている。しかし彼らは，「カーマ」が，それが最終だとみなされたときに，たいへん危険なものとなる，とも思っているようだ。真理は，「カーマ」は始まりなのだ。「カーマ」は，「プレーマ」に変質されなければならないのである。
　バウルのブロフモチョルジョの方法は，インド古来からの観念にもとづいているようである。インドでは，精液は簡単には製造されないのだと信じられてきた。一滴の精液を製造するのに，40滴の血液と40日の時間が必要といわれ

ている［Carstairs 1961：83］。バウルは，「精液は保有されねばならない。なぜなら，精液のむだづかいは，精神的なパワーの損失につながる」と主張する。彼らはさらに，「射精はこの世の苦しみの源であり，神の喪失を意味する」と主張する。バウルは，「射精は子孫をもたらし，人を現象世界と輪廻に束縛する」と思っているようである。伝統的なヒンドゥー教では，「モークシャ」（解脱）の究極的な目的は，この俗世界から脱して自由になることであり，輪廻から解放されることである。もちろんバウルは，ヒンドゥー教の出家修行者がしばしば好む，抽象的な哲学概念の議論には深入りしない。しかし，バウルは，射精をしないことによって「モークシャ」への道を察知し，そのことが，バウルの道のゴールに到達する「かぎ」だ，と信じているようである。このことは，わたしが採集した歌に見いだされる。

爺ちゃんが婆ちゃんのひざの上で死んだ日に
　　ちょうどその日に父ちゃんが生まれた
おいらが16になった日に
　　ちょうどその日に母ちゃんが生まれた
ちょいと頭をひねってみな
　　ちょうどその日に母ちゃんが生まれたことを
額から一滴，あふれる川にしたたり落ちた
　　ちょうどその日に漁師が川に
マーヤーの網でわなを仕掛けた[51]

　この歌も「暗号のような語句や表現」が，意図的に使用されている。
　『チャラカ・サンヒター』などインドの古典医学書では，生命の誕生は，「精液」と「月経血」の結合の結果であるとされている。そして，精液は「額」に貯蔵されていると信じられている。
　「額から一滴，したたり落ちた」は，「射精」を意味する。女性生殖器の「膣」は，しばしば「川」にたとえられる。「あふれる川」は「月経中の膣」と解釈できる。「爺ちゃんが死んだ日」は「祖父が射精した日」と解釈できる。

---

[51] 作者不明。歌手は，Sanātan Dās Baul。1987年12月27日，シャンティニケータンで録音。

「おいらが 16 になった日」は，「父が 16 になった日」と解釈できる。なぜなら，「わたし」は，父の精液のおかげで生まれ，父の精液は父が生まれて以来，彼の額に貯蔵されていたからである。「ちょうどその日に母ちゃんが生まれた」は，「母に初潮が始まり，子を産める年齢の女性になった日」と解釈できる。したがって，「ちょうどその日に母ちゃんが生まれた」は，「その日に母が妊娠した」，つまり「わたしもまたその日に生まれた」と解釈できる。「マーヤー」という語は，「幻影」を意味するインド哲学の述語の一つで，五感がとらえる現象世界は，真の実体に対して単なる幻にすぎないとされる。いずれにせよ，人の心の移ろいやすさを示す概念であり，人を現象世界と輪廻に束縛する力と考えられた。

　バウルはさらに，男性は本質的にパワーの損失を被りやすい，と考えているようである。彼らによれば，精液はつねに尿や汗などの分泌物として体外ににじみでているとされる。その反対に，子を産める年齢にある女性は，無尽蔵のパワー（シャクティ）の持ち主だとされる。本質的にパワーの損失を被りやすい「男性」は，無尽蔵のパワーの持ち主である「女性」から，パワーの補充を受けねばならない。そのためには，ひと組の男女で営まれる「ジュガル・サードナ」（yugal sādhana）が必要である。しかし，「ジュガル・サードナ」で男性が射精をしてしまったら，本来の目的がそこなわれてしまう。そこで，「性的エネルギーの制御」あるいは「精液の保有」を意味する「ブロフモチョルジョ」が重要となる。つまり，「ジュガル・サードナ」を首尾よく実行するために，ヨーガの修行を通じてみずからを鍛えなければならないのである。しかし，射精をともなわずに「ジュガル・サードナ」を実践するのは，たいへん難しいものとされている。このためバウルは，弟子を導くグルの重要性，とくに宗教的トレーナーの役割を果たす「シッカ・グル」の重要性を力説するのである。

5-4．ゴピー・バーヴァ

　わたしは，フィールド・ワーク中に，「バウルというのは男であり，また同時に女である」ということを，しばしば聞かされた。このなぞめいた定義は，彼らのブロフモチョルジョの別の側面を示している。つまり，もし男が女になったら，おそらく彼は，女性の肉体を欲望の対象とは思わなくなるだろう，

ということである。

　さきに述べたように，バウルという語は，牛飼い女のゴピーがクリシュナに恋をしたように，「神に恋をして狂気になった人」という意味で使われはじめている。バウルの神に対する理想的な宗教的態度は，牛飼い女のゴピーのクリシュナに対するそれのようなものと考えられている。この宗教的態度を，ベンガルのヴィシュヌ派は，「ゴピー・バーヴァ」（gopī bhāva）とよんでいる［Dimock 1971：43-49］。バウルはこれを，文字どおりに解釈しゴピーを見習っているのだ。

　クリシュナの笛の音を聞くと，ゴピーたちはその甘い音色に夫も子どもも忘れてしまった。バウルも神に恋をして何もかも忘れてしまった。彼は，今やゴピーだ。ゴピーにとって，クリシュナがこの宇宙で唯一の男性だった，という意味で，彼は神に対して女性なのだ。彼は，彼自身のことを，そう思わなければならないのである。

　「ゴピー・バーヴァ」は，性関係において，彼の男性原理を無効にする。バウルが神に対して女性になったとき，「カーマ」はもはや存在しない。バウルは，彼自身を満足させるために女性を望むことはできない。なぜなら，彼はもはや男性ではないからだ。つまり，「カーマ」から「プレーマ」への変化は，「男性」から「女性」への変化なのである。

5-5.「つぎはぎジャケット」と「ふんどし」

　本章の議論の最終部分にはいる前に，ちょっと寄り道をしよう。
　わたしは，ベンガルのバウルは，「バウルの道」を歩む人たちだと述べた。バウルは，みずからバウルと名のり，バウルの衣装を着て，人家の門口でバウルの歌をうたったり，あるいは神の名を唱えたりして，米やお金をもらって生活している。そして，このライフスタイルを象徴するバウルの衣装は，バウルをほかのベンガル人から区別し，はっきりと目立つ存在にしている。それならば，バウルの衣装は，「マドゥコリの生活に始まり，神との合一に至る」という「バウルの道」を象徴しているはずである。

　ここでは，バウルの衣装の多数の品目のなかから2点にしぼって，手短に述べたい。第1点目は，「グドゥリ」（guduṛi）とよばれる「つぎはぎジャケッ

ト」である。わたしはジャケットといったが，これはジャケットである必要はない。ベストであってもコートであってもよいのである。要するに，「パッチワークの上着」であれば「グドゥリ」である。そして第2点目は，「ドリ・コウピン」（daṛī koupīn）とよばれる「ふんどし」である。

　「つぎはぎジャケット」の「グドゥリ」は，バウルのマドゥコリの生活のシンボルとして抜群である。これは，わたしが知るかぎり，ベンガルのバウルに特有のものである。年配のバウルによれば，バウルはこれを自分で作っていたようだ。「グラメール・バウル」は，つぎのように語った。

　「つぎはぎジャケットのことだから，グドゥリ一着に一抱えもの端切れが必要だ。わたしがそれを作ろうと思ったときはいつも，グドゥリを作るので端切れがほしいと，わざわざ村人に頼まなければならなかった。そうしなければ，村人から端切れを集めるのは，ほとんど不可能だ。必要な材料を集めるのに，何日もかかった。いずれにせよ，わたしが新しいグドゥリを見て，それは多くの人びとの親切によって実現したことを知るように，村人各人は，見覚えのある端切れをちらっと見て，わたしのグドゥリに，何がしかの寄与をしたことに気づくだろう。そのことが重要なのだ」。

　バウルは，基本的に村人の余剰物資に支えられている。村人にとって，端切れは，さしあたり必要のない余剰物資の典型である。それらは，ふだんは箱やトランクのなかにしまいこまれているものだ。一握りの米は確かにバウルの命を救う。しかし，一握りの米で，バウルの空腹を満たすことはできない。同じように，一片の端切れで，グドゥリ一着を作ることはできない。グドゥリは，一軒一軒少しずつ物乞いをして歩く「マドゥコリ」という行動のシンボルであり，グドゥリに縫い込まれた一片一片の端切れは，バウルと村人との「きずな」を確認するシンボルとなっているのである。（写真2参照）

　「ふんどし」を意味する「ドリ・コウピン」は合成語である。「コウピン」はふとももの間に回される細い帯状の布で，「ドリ」は腰の周りに回して結ばれる紐で，コウピンを正しい位置に固定する。ドリ・コウピンは，ヨーガの修行をする男性には便利なもので，インドでは，ヨギーやサードゥーに広く着用されている。なぜなら，その基本的機能は男性生殖器を支えることにあるからである。したがって，それは女性のヨーガ修行者（ヨギニー）には不必要なもの

であって，もっぱら男性用のみである。

　さきに，ベンガルのバウル派には，ふたつの基本的な通過儀礼が存在すると述べた。それらは，「特定のグルへの入門式」である「ディッカ」と，「世捨て人の身分への通過儀礼」である「ベック」である。ベックのときに，男性バウルはグルより，新しい「乞食の鉢」と新しい「ドリ・コウピン」を受けとる。そしてこれ以後，ほかのバウルから「コウピン・ダリー」(koupīn dhārī ドリ・コウピンの着用者）とよばれるようになる。女性の「バウリニ」も，ベックを受けることができる。しかし，バウリニの場合，当然のことであるが，ドリ・コウピン授与のセレモニーは省略される。

　ベンガルの世捨て人はバウルだけではない。また，世捨て人の身分への通過儀礼である「ベック」が存在するのも，バウル派だけではない。たとえば，ベンガルのヴィシュヌ派の男性の世捨て人「ボイラギ」もベックを受けた。そしてやはり，新しい「乞食の鉢」と「ドリ・コウピン」を受け取った。そしてベックのあと，彼らは「ベク・ダリー」(bhekh dhārī 乞食の鉢の所有者）とよばれるようになるのである［Kennedy 1925：162-166］。

　このように，バウルもボイラギも，「ベック」のときに同じものを受け取るのに，通過儀礼の違った側面が強調されている。つまり，バウルが「コウピン・ダリー」とよばれるようになるのに対し，ボイラギは「ベク・ダリー」とよばれるようになるのである。これはいったいどういうことなのであろうか。

　ベンガルのヴィシュヌ派の場合，「ベック」は，実質的に世捨て人の身分への通過儀礼である。ボイラギは，「ベック」を受けた後に，実際にマドゥコリをして生活するようになるのである。したがって，世捨ての行為としてのマドゥコリを象徴する「乞食の鉢」が，通過儀礼で強調されるのである。しかし，バウルの場合，そもそものはじめからマドゥコリをして生活していた。彼らが主張するように，バウルの道の第一歩は，カーストの義務を放棄し，マドゥコリの生活をすることである。バウルにとって，「ベック」で受け取る「乞食の鉢」は，形式的なものである。それは，マドゥコリの生活を，これまでどおり続けるという確認にすぎない。バウルにとっては，「ベック」で受けとる「ドリ・コウピン」のほうが，より重要なのである。だからこそ，そのことが通過儀礼で強調されているのである。

その基本的な機能によって,「ドリ・コウピン」は,男性原理のシンボルであることは明らかである。さらに,宗教的に上級段階に達した男性バウルにのみ「ドリ・コウピン」の着用を許されるのである。したがってそれは,ヨーガの修行によって「性的エネルギーの制御」あるいは「精液の保有」を意味する,「ブロフモチョルジョ」を成就した男性バウルのシンボルでもあるわけである。ベックの通過儀礼は,バウルのサードナでもっともむずかしいとされる「ジュガル・サードナ」を実践できるようになった男性バウルの,「免許皆伝の通過儀礼」なのである。

　バウルのブロフモチョルジョの方法のユニークな点は,「女になる」ということである。それでは男性と女性とでは,何が根本的に異なると考えられているのであろうか。これはベンガルだけでなく,広くインド中で一般に信じられていることであるが,男性としての人間の肉体は,「精液」を作り出す能力という点で,女性とは区別される。同様に,女性としての人間の肉体は,「月経血」を作り出す能力という点で,男性と区別される［Inden and Nicholas 1977：52］。これが根本的な違いである。

　わたしは,フィールド・ワーク中に,「バウルは男であり,同時に女である。だからドリ・コウピンが必要である」と,なんども聞かされた。「ドリ・コウピン」は,バウルの男性生殖器を支えるためだけでなく,彼の「女性性」をシンボライズするためにも使用されているのだ。つまり「ドリ・コウピン」は,バウルの宗教的態度「ゴピー・バーヴァ」のシンボルなのである。

　ゴピーがクリシュナを愛したように,バウルは狂ったように神を愛する。「ドリ・コウピン」を着用することによって,彼のブロフモチョルジョは安定し,揺るぎないものとなっている。彼はけっして「射精」をしない。同時に,「ドリ・コウピン」を着用することによって,彼は女になった。彼は,今やゴピーだ。彼はもはや「射精」ができない。結果として,彼は象徴的に「月経血」を流す。「ドリ・コウピン」は,彼の「生理用ナプキン」なのである。

　「女になる」ということは,バウルのブロフモチョルジョの方法やテクニックだけでなく,バウルの神に対する宗教的態度や,バウルのサードナの重大な側面を暗示している。サードナの実践を通じて,バウルは神と合一し,神を実感する。これは,「バウルの道」のゴールである。その究極の目的を達成する

ために，バウルは女にならなければならない。なぜなら，「心の人」（モネル・マヌシュ）は，個々の人間にとって，この世で唯一の「男性」とみなされているからである。

それでは，バウルが「心の人」とよぶ神は，いったいどのような神なのであろうか。そして，バウルと「心の人」との関係は，どのように考えられているのだろうか。

5-6. 心の人

バウルにとって，「心の人」とは，個々の人間の肉体に住む「個人の神」である。それならば，人間は，この個人の神と，個人的な関係をもつことができることになる。となると，神のパーソナリティーと人間のパーソナリティーには，本質的な違いがないということになる。これは，われわれ人間のパーソナリティーである「自己」と，「真の自己」としてわれわれの肉体に住む神のパーソナリティーとの愛である。愛されるのは，われわれの肉体に住む「心の人」であり，愛するのは，まちがってこの神のパーソナリティーとは違うとみなされている人間のパーソナリティーである。つまり，バウルのサードナは，「自己実現」（セルフ・リアリゼーション）の手段である。

セクシュアリティの神秘がバウルの神格を明らかにする。バウルによれば，神は，最初ひとりぼっちだったので，感覚的な喜びを味わうことができなかった。そして，彼はさびしい思いをしていた。そこで彼は，自分自身を半分に分割した。一方に「女性」の姿を創造し，他方には自分の「男性」性を残した。彼女の存在のおかげで，彼は性的結合に関するもっとも甘美な感情を味わうことができた。ここで重要な点は，神は男女両性を含んでいるということである。

バウルによれば，人間の男性は「プルシャ」（puruṣa）とよばれ，人間の女性は「プラクリティ」（prakriti）とよばれる。しかし人間の肉体に住む神が，男性と女性の両方の側面から成り立っているように，個々の人間も，男性と女性を含んでいると考えられているようである。

先に述べたように，男性は精液を作り出す能力において女性と区別され，女性は月経血を作り出す能力において男性と違うとされる。男性の身体における「精液」の卓越のおかげで，彼は男性である。しかし，男性の体の，目に見え

る姿は男性であるが，そこには，いくらかの女性部分があるとされる。もっとも，彼のなかの女性部分は隠れていて見えない。同様に，女性の身体における「月経血」の卓越のおかげで，彼女は女性である。女性の体の主要な部分は女性であるが，その一部は男性なのである。ただし，女性の体には，男性の姿は隠れていて見えない。バウルは，人間というのは，その肉体の「性」が，一方，または別の一方の側面の優位性によって決定されるが，実は「両性具有」の生物だと考えているようである。

バウルによれば，男性の身体では，精液は「額」に貯蔵されている。また月経血は，骨盤の基底部にある「ムーラーダーラ・チャクラ」で，とぐろを巻いて眠っている「クンダリニー」として存在する。女性の身体では，精液は，あいまいに頭の中のどこかにあるとされている。

さらにバウルは，人間のもつふたつの相，「ループ (rūpa)」と「スヴァループ」(svarūpa) について述べている。「ループ」というのは，「人間の男と女の目に見える姿」であり，「自己」のことである。「スヴァループ」というのは，「人間の肉体に住む神」であり，目に見えない「真の自己」のことである。神は，「自己」に対して「真の自己」であり，「ループ」に対して「スヴァループ」である。しかしバウルは，神も人間も両性を有すると考えている。このことは，人間の理解の範囲を超えたものかもしれない。

次の図3は，この「バウルのループ＝スヴァループ理論」を理解する手助けとなるだろう。

さて，「ループ」と「スヴァループ」に関連して，バウルの「心の人」について述べよう。バウルによると，「心の人」は，男性・女性にかかわらず，個

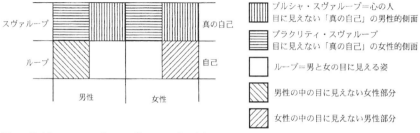

図3 「バウルのループ＝スヴァループ理論」

人の「スヴァループ」である。「心の人」は，ふだんは額の2枚の花びらの「アージニャー・チャクラ」にいるとされる。しかし，1ヵ月に3日間，「心の人」は，愛の喜びを味わうために移動する。「心の人」は途中のチャクラを通過して，4枚の花びらの「ムーラーダーラ・チャクラ」へと，ゆっくりと下りてくるとされる。このことは，たくさんのバウルの歌に表現されている。たとえば，つぎの歌である。

　　　　わたしの二枚の花びらの，はすのお花に住みなさる
　　　　　　　そのお方が「心の人」よ
　　　　そのお方が「ショホジの人」[52]だ，ということを
　　　　　　　おぬしはご存じないらしい
　　　　十六枚と十枚の，はすの花びらくぐり抜け
　　　　　　　喜悦の川辺でゆらゆらなさる
　　　　ひとつになるには，またとない好機
　　　　　　　「心の人」がお引っ越し
　　　　四枚の花びら，はすの花
　　　　　　　いつものところへいつものように
　　　　　　　あのお方がやってくる[53]

「心の人」がふだんとどまっている「額」の「2枚の花びら」の「アージニャー・チャクラ」とは，「精液」が貯蔵されているとされる場所である。精液は男性原理の象徴である。したがって，「心の人」は，目に見えない「真の自己」の男性的側面（「プルシャ・スヴァループ」puruṣa svarūpa）である。さらに，1ヵ月に3日間，「心の人」は，「脊柱基部」の「4枚の花びら」の「ムーラーダーラ・チャクラ」へと下りてくる。そこは，女性原理「シャクティ」の一形態である「クンダリニー」（kuṇḍalinī）が，蛇の形をとってとぐ

---

[52] 「ショホジ」(sahaja) という語には，「容易な」「単純な」という意味もあるが，ここでは「生得の」「先天的な」という意味を採用する。この歌の場合，各自が生得的に持つ「人間の肉体の深い次元に潜む霊的本質」，すなわち「心の人」をさす。

[53] 作者は，Padmalochan 。ウペンドロナート・バッタチャルジョ採集の歌集，歌番号556番より [Bhattācārya, U. 1981 : 946]。

ろを巻いて眠っているところである。「ムーラーダーラ・チャクラ」での3日間が何を意味するかといえば，もう気づかれたと思う。そう，女性の月経期間だ。まさに，「心の人」が，「精液」に象徴され，目に見えない「真の自己」の男性的側面（「プルシャ・スヴァループ」）であったように，「月経血」は，目に見えない「真の自己」の女性的側面（「プラクリティ・スヴァループ」prakriti svarūpa）だ。生命の誕生が「精液」と「月経血」の結合の結果であるように，「プルシャ・スヴァループ」である「心の人」は，「プラクリティ・スヴァループ」と結合せざるをえない。つまり，「月経血」は，女性の肉体に「心の人」が現われ，そこで「神聖なる愛の戯れ」（リーラー līlā）が始まったことを示すサインである。バウルは，女性の月経期間を，「モハー・ジョグ」（mahā yoga）とよんでいる。モハー・ジョグとは，「最善の時」あるいは「偉大なる結合」という意味である。なぜなら，「心の人」が現われるのはこの時期だけだからだ。したがって，バウルが「心の人」と結ばれる可能性のあるのもこの時期だけだ。実際，バウルのもっとも重要な「サードナ」は，この時期に行われる。そして彼らは，このサードナを「月に三日のプジョ」（māse tin din pūja）とよんでいる。

5-7. 神と人間

　ダスグプタは，ベンガルのショホジヤー派の宗教における「アーロパ」（āropa）の概念について述べている。「アーロパ」とは，「神の属性を人間に賦与すること」という意味である。ダスグプタによると，ショホジヤー派のサードナの究極の目的を達成するためには，ひと組の男女の修習者は，まず最初に，彼ら自身がクリシュナとラーダーそのものである，と思わなければならない。つまり，男性修習者の「真の自己」はクリシュナであり，女性修習者の「真の自己」はラーダーである，と考えなければならないのである［Dasgupta 1969：133-134］。

　バウルの宗教にも「アーロパ」の概念が存在する。しかし，バウルが述べる「アーロパ」は，ショホジヤー派のそれよりも複雑なもののようである。なぜなら，バウルにとっては，神も人間も男性と女性の両方の側面をもっているからである。

バウルのサードナも，ひと組の男女によって営まれる。しかし，バウルのサードナの目的は，「心の人」と結ばれ，「リーラー」とよばれる「神聖な愛の戯れ」を経験し，人間の肉体の深い次元に潜む「霊的本質」を実感することである。人間の肉体に住む「心の人」は，男性・女性にかかわらず，「プルシャ・スヴァループ」（目に見えない「真の自己」の男性的側面）である。バウルは，このきわめて心理的な試みを「ループ＝スヴァループ・サードナ」とよぶ。ひと組の男女によって「ループ・サードナ」を営みながら，それぞれは，あたかも彼／彼女自身が，彼／彼女の肉体に住む「心の人」，つまり「プルシャ・スヴァループ」と結ばれていると感じなければならない。そのためには，それぞれは，彼／彼女自身を「プラクリティ・スヴァループ」（目に見えない「真の自己」の女性的側面）に変化させなければならない。すべての人間は，男性と女性の両方の側面をもっているので，それは理論的には可能である。しかし，どのようにして行うのであろうか。

女性の「バウリニ」にとって，彼女自身を「プラクリティ・スヴァループ」に変化させることは，それほど難しいことではなさそうだ。「心の人」は「プルシャ・スヴァループ」で，それは「精液」に象徴される。「プラクリティ・スヴァループ」は「月経血」に象徴される。バウリニは，今まさに月経期間中なので，「プラクリティ・スヴァループ」のシンボルである「月経血」は彼女の体に顕著に現われている。彼女は，「ループ・サードナ」のパートナーを見つめる。あたかも彼が，「月経血」を求めて彼女の頭の中のどこかから下りてきた彼女自身の「心の人」，つまり「プルシャ・スヴァループ」だと想起することにより，彼女自身を「プラクリティ・スヴァループ」に変化させることが可能であろう。さらに彼女は，彼女自身が彼女の体の中で行われている「神聖な愛の戯れ」の参加者だ，と想像することができるであろう。

しかし，男性の「バウル」にとって，彼自身を「プラクリティ・スヴァループ」に変化させるのは，やっかいなことだと思われる。彼の「ループ」も「スヴァループ」も，男性と女性の両方を含んでいる。しかし，彼の目に見える姿（ループ）は男性だ。したがって，彼の実体は本質的に「精液」である。自然の法則により，彼の体に「月経血」を見ることは，とにかく物理的には不可能である。ここでわたしたちは，バウルの「女になる」という概念に直面する。

バウルは，サードナの究極の目的を果たすために，彼の「男性性」を中和し，彼自身の内部で彼の「男性」と「女性」とのバランスを保たねばならない。彼は，彼の「男性の凝縮」とつり合わせるために，彼の「女性の凝縮」をよみがえらさねばならない。自己の内部に均衡を保つため，「完全体」を作るための相等しいふたつの「半分」が必要なのである。

　「ドリ・コウピン」の秘密が，この問題に解決を与える。ドリ・コウピンは，ヨーガの修行によって「ブロフモチョルジョ」を成就した男性バウルの「男性性」のシンボルである。しかし，バウルにとっては，それは彼の宗教的態度「ゴピー・バーヴァ」，つまり彼の「女性性」のシンボルでもある。それを着用することによって，彼は象徴的に「月経血」を流すことができるのだ。ドリ・コウピンは彼の「生理用ナプキン」なのである。

　「ループ・サードナ」を営みながら，バウルは，彼自身と彼のパートナーを同一視する。彼女は，今まさに月経期間中であるので，「月経血」は彼女の体にはっきりと現われている。ドリ・コウピンを着用しているので，彼もまた象徴的に「月経血」を流している。これは，結果として，彼の「プラクリティ・スヴァループ」，つまり彼の体でとぐろを巻いて眠っている「クンダリニー」を目覚めさせることになる。目覚めた「クンダリニー」を求めて，「心の人」つまり「プルシャ・スヴァループ」は，「アージニャー・チャクラ」から「ムーラーダーラ・チャクラ」へ下りてくる。これは，彼の体の中で「神聖な愛の戯れ」が始まることを意味する。彼は，彼のパートナーを見つめながら，あたかも彼の「プラクリティ・スヴァループ」が鏡に反射しているかのように感じるのである。

5-8. 生の中の死

　バウルの「ループ＝スヴァループ・サードナ」は，結局は，「自己」の「真の自己」への同化の過程である。「心の人」との愛の喜悦のなかで，バウルはすべての感情や感覚を失う。そして彼は，「生の中の死」（ジャーンテ・マーラー jyānte mārā）の状態を経験するといわれる。「孫バウル」が，「生の中の死」を次のように説明した。

　「ループ・サードナ」のある瞬間以後，修習者は男女とも，「自己」の肉体的

感覚や欲望を捨てさり，「死体」のようにふるまわねばならない。そうすることによって，彼らは真の「スヴァループ・サードナ」に成功するだろう。小さな川がガンガー（ガンジス川）に合流するとき，小川の水はその実体を失い，それはガンガーの水となる。「ループ」（「自己」）が「スヴァループ」（「真の自己」）と混じりあい，両者が同一のものとなったとき，「生の中の死」の状態を達成できる。

　バウルの主張する「生の中の死」の状態は，人間の属性の解体と，人間そのものの消滅，つまり人間の神への同化を暗示している。サードナの始まりでは，和合はまだひと組の男女（「ループ」）の間のことだった。修習者は精神集中とヨーガの坐法や呼吸法を利用して，みずからの「クンダリニー」を目覚めさせなければならない。今，「心の人」が最下部のチャクラに下りてきた。さあ，「神聖な愛の戯れ」がはじまった。和合は「スヴァループ」の間のこととなった。そこにはもはや，神と人間との見せかけの区別も存在しない。人間を神と同等に置くことにより，男女の和合という生理学的な行為は，宇宙の特質と帰結を備えることになる。下位の五つのチャクラが，宇宙を構成する五粗大元素「地」「水」「火」「風」「空」にたとえられるとき，五つのチャクラは「心の人」と「クンダリニー」の上昇にともなって，宇宙の生成のプロセスをたどる。「地」は「水」に，「水」は「火」に吸収されるというように，下位のチャクラが上位のチャクラに同化して，ついに全チャクラが存在の根源に合一する。このとき，個我は宇宙に合一するとされる。

　バウルの「ループ＝スヴァループ・サードナ」の究極の目的は，人間の肉体の深い次元に潜む「霊的本質」を実感することである。そのためには，修習者は「生の中の死」の状態を達成しなければならない。それは，「ループ」（「自己」）が「スヴァループ」（「真の自己」）と混じりあい，両者が同一のものになることである。これが「神の属性を人間に賦与すること」を意味する「アーロパ」という概念の，もっとも重要な点である。これは，バウルがわれわれ人間の，その物理的，生物的，心理的様相のすべてを，存在論的見地から眺めていることを示している。そして，すべてが存在論的見地から理解されたとき，「人間の愛」は存在論的な重要性を獲得することになろう。

第6章　ベンガル社会の近代化とバウル

6-1. はじめに

　本研究のフィールドワークは，インド・西ベンガル州全域におよぶが，その本拠地はビルブム県ボルプール市に隣接するシャンティニケータンである。

　本章では，ベンガル社会の近代化，とくに近年のインドの急速な経済成長にともなうボルプール＝シャンティニケータン地域の観光現象の変化に対して，バウルがどのように適応しているのかを考察する。

6-2. プロの音楽家の出現

　1951年，詩人タゴールが創設したヴィシュヴァ・バーラティ大学は，国立大学となった。大学はそれ以後，「ポウシュ月の祭典」（pouṣ utsab）や「マーグ月の祭典」（māgh utsab）を主催するようになった[54]。大学は，祭典のプログラムのひとつとして，バウルとフォキルの歌[55]の音楽会を開催するようになったのである。（写真6, 7, 8を参照）

　このようなヴィシュヴァ・バーラティ大学の積極的な後援をきっかけに，1950年代後半には，バウルの歌と音楽は，「ベンガル民俗文化の不可欠の部分」と認識されるようになった。しかしこのことは，ベンガルのバウルの「宗教的求道者」という側面よりも，「民俗音楽家」という側面を強調することになったのである。音楽的技芸に卓越したバウルは，ベンガルの上流階級の邸宅での私的な音楽会に招かれたり，大都会での祭典やラジオ・テレビにも出演す

---

[54] これらの祭典は大学の正式名称で，一般的には「ポウシュ・メラ」（pouṣ mela），「マーグ・メラ」（māgh mela）と呼ばれる。「メラ」という語は，「定期市・博覧会」という意味である。シャンティニケータン・キャンパス近くの広場で開催されるポウシュ・メラでは盛大な市が立ち，農学部のあるシュリニケータン・キャンパスで開かれるマーグ・メラでは農産物の展示会が行われる。

[55] フォキル（fakīr）は，スフィー（Sufi イスラム神秘主義者）の別称。バウルの歌とフォキルの歌は，語句において多少の違いはあるが，その内容においては，ほぼ同じと理解されている。

るようになった。また，バウルの歌や音楽のレコードやカセットテープが商品として販売されるようになった。さらに，外国公演にも招請されるバウルも出現するようになったのである。

　ベンガル社会の急激な変化に呼応するように，一部のバウルは，マドゥコリの生活をやめ，プロの音楽家としての道をあゆみはじめた。彼らは音楽チームを組織し，バウルの歌を音楽会でしか演奏しなくなった。また，音楽教室を開設し，アマチュアの音楽愛好家にバウルの歌や音楽を教えるようになった。彼らは，契約による出演料や授業料によって生活費をかせぐようになったのである。レコードやカセットテープに録音を依頼されたバウルは，バウルの歌や音楽の商業的価値を知った。また外国公演に招請されたバウルは，外国人の心をもひきつけるバウルの歌や音楽の魅力に気づいた。さらに，野心のあるバウルは，プロの音楽家としての活動の機会のおおいコルカタに移住したのである。

6-3．シャンティニケータンの観光地化

　1961年，タゴールの生誕百年祭が，ヴィシュヴァ・バーラティ大学を中心に，ボルプール＝シャンティニケータン地域で盛大に行われた。それを記念して，タゴールが晩年を過ごした大学構内の邸宅（ウッタラヤン）が一般公開されるようになった。また，邸宅に保管されていた直筆の原稿，自身が描いたデッサンや絵画，書簡，邸宅を訪問した客人との記念写真，受けとった贈り物など，すべての遺品を展示するための博物館が，ウッタラヤンの敷地内に開設された。さらに，大学から程近い場所に，西ベンガル州政府直営の「シャンティニケータン・ツーリスト・ロッジ」が開設された。それは，この地域で最初の一般観光客用の本格的な宿泊施設である。「タゴールのシャンティニケータン」は，重要な観光資源だと考えられたのである。

　シャンティニケータンの観光地化にともなって，ヴィシュヴァ・バーラティ大学周辺に，民間経営のホテルや土産物店がつぎつぎと開店した。大学主催の「ポウシュ月の祭典」や「マーグ月の祭典」が開催中でなくても，インド人観光客でにぎわうようになったからである。

　「シャンティニケータン」という地名は，「平和の郷」という意味で，そのひびきのよい名前は，インド人だけでなく，外国人にもアピールしたようである。

1960年代後半から，ヴィシュヴァ・バーラティ大学に外国人留学生が増えてきた。また，自由な旅行を楽しむ外国人バックパッカーも増えてきた。アメリカやヨーロッパ，オーストラリアで，英語版の「地球の歩き方」のようなガイドブックが，つぎつぎと出版された。欧米や日本などの先進的産業社会では，体験型の海外旅行ブームがおこったのである。

インドは訪問国として若者に人気があった。それには，ビートルズのジョージ・ハリスンがインドのシタール奏者ラヴィ・シャンカルに弟子入りしたことや，シンガー・ソングライターのボブ・ディランがプールノ・チョンドロ・ダシュ（バウル）とアメリカ各地で共演し大成功をおさめたことなどが，大きく報道されたことも影響を与えたのかもしれない。

6-4. マドゥコリのパターンの変化（その1）

バウルは，人家の門口でバウルの歌をうたい，あるいは神の名を唱えて，マドゥコリをして生活費を稼いでいる。それは，ベンガルの町や村の，「ベンガル人の家の門口」でのことであった。しかしバウルは，1970年頃から，ヴィシュヴァ・バーラティ大学のホステル（寄宿舎）に住む外国人留学生や，ツーリスト・ロッジに滞在する外国人旅行者も訪問するようになったのである。彼らは，外国人にバウルの歌をうたって，金銭を要求するようになったのである。

さらにバウルは，やはり1970年頃から，人家の門口でマドゥコリをするだけなく，列車の中でも歌をうたって稼ぐようになった。乗客には，バウルの歌を求めるインド人観光客や外国人旅行者も少なからずいたからである。

6-5. インドの経済危機と経済政策の転換

1990年8月のイラクのクウェート侵攻がきっかけとなり，91年1月に湾岸戦争が始まった。この影響で原油価格が高騰し，また中東に出稼ぎに出ていたインド人労働者からの送金が止まった。この結果，インドは外貨準備が輸入の約2週間分にまで減少するという深刻な国際収支危機に陥った。

社会主義経済により国内産業の保護を優先してきたインド政府は，1991年から経済自由化路線へ変更する経済改革を開始した。具体的には，国内における産業規制の緩和や，貿易・諸外国からの投資の自由化を進展させ，高い経済

成長の実現を目ざす政策である。

　1991年以降の経済改革が功を奏し，1992年以降のインドの国内総生産（GDP）は順調に伸展している。1993年から2003年のインドの平均GDP成長率は5.9％であるが，同じ時期の日本の成長率は1.2％であるので，インドが着実に経済成長を続けているのがわかる。次の表2は，インドの所得別世帯構成の推移を示したものである。

表2　インドの所得別世帯構成の推移（単位％）

	1985	1989	1992	1995	1998	2001
低所得層（～45,000ルピー）	65.3	58.9	58.2	48.9	39.8	34.6
下位中所得層（45,001～90,000）ルピー	25.2	16.9	25.4	30.7	34.5	37.3
中所得層（90,001～135,000）ルピー	6.9	10.1	10.4	11.9	13.9	13.9
上位中所得層（135,001～180,000）ルピー	1.5	2.7	3.7	5.0	6.2	6.8
高所得層（180,001～）ルピー	1.1	1.4	2.3	3.5	5.7	7.3

出典　NCAER（インド国立応用経済研究所）

　表2をみると，経済成長にともない年間の世帯収入が4万5000ルピー以下の低所得層が減り，年間の世帯収入が9万ルピー以上の中所得層以上の占める割合が，1985年度の9.5％から2001年度には28％まで拡大している。表2にはないが，中所得層以上の割合は，2005年度ではさらに34.5％にまで拡大しており，いわゆる中間層が増大していることがわかる。インドというと，物乞いをする子どもの姿がテレビ映像で流されることが多いため，「貧困」というイメージが強かったが，人びとの生活は着実に豊かになっているのである。事実，自動車や二輪車，家電製品などの購入も増えているし，携帯電話，パソコン，インターネットの利用も急速に伸びている。

6-6. 別荘とリゾートホテルの建設ラッシュ

　1988年当時，シャンティニケータンの北1キロ，プランティック駅の西側は，広々とした野原だった。ところが，1990年代後半になると，野原は宅地造成され，コルカタ在住の富裕層の別荘がつぎつぎと建てられた。いずれも豪邸である。また，大資本の開発による分譲邸宅もつぎつぎと売りだされた。たとえば，2005年に第1期工事がはじまり，2007年に第2期工事が完了した

180棟からなる「ショナル・タリー」(「黄金の船」の意)の守衛によると，家主はコルカタ，デリー，ムンバイなどの大都市の富裕層で，なかには映画スターも入居しているという。ただし，家主はこれらの邸宅を別荘として使用しており，常時住んでいるわけではない。しかし，邸宅の管理や手入れをする使用人やメイドが住む別棟の小屋があり，常駐している。

また，1990年代後半になると，シャンティニケータン地域には，高級リゾートホテルがつぎつぎと建てられた。その数は20をこえる。1泊3000～4500ルピーの超高級ホテルから，1泊2000～3000ルピーの高級ホテルまで，種類はさまざまである。これらのリゾートホテルは，1960年代から80年代に建てられた，1泊200ルピー前後の，宿泊だけのツーリスト・ロッジとは性格が異なる。休日をシャンティニケータンの別荘や高級リゾートホテルですごす新興富裕層が増えている。観光地シャンティニケータンが高級化しているのである。

6-7. 急速な物価の上昇

急速な経済成長は，物価の上昇をともなう。次の表3は，1988年と2007年の物価や流通貨幣を比較したものである。

表3　インドの物価と流通貨幣の比較

	1988	2007
コルカタ（空港－市内）の prepaid-taxi の運賃	Rs.60.00	Rs.250.00
鉄道運賃（Howrah-Bolpur）	Rs.18.00	Rs.48.00
米1キロの値段	Rs.4.00	Rs.22.00
流通紙幣の種類（ルピー）	1,2,5,10,20,50,100	10,20,50,100,500,1000
流通硬貨の種類	5,10,20,25,50（paisa） 1（Rupee）	50（paisa） 1,2,5（Rupee）

関西空港からコルカタ行きの飛行機は，どの航空会社も深夜着である。ホテルの予約をする習慣のないわたしは，空港からプリペイド・タクシーを利用して，市内の安ホテル街サダル・ストリートに直行するのが常である。空港のプリペイド・タクシーなので，法外な運賃を請求されることはないのであるが，それでも運賃は毎年確実に上がっているのを実感する。約1時間でサダル・ス

トリートに着く。途中，運転手との雑談のなかで，米1キロの値段を聞くことにしているが，1988年には4ルピーだったのが，2007年には22ルピーということだった。米の値段を市場で確認しているので，運転手の言うことは，毎年ほぼ間違いない。それにしても，米の1キロの値段が，20年間で5倍以上にもはね上がっているのである。1991年の経済改革以降，人びとの生活は着実に豊かになったといわれている。しかし，表2の年間の世帯収入が4万5000ルピー以下の低所得層というのは，1日の収入が1ドル未満の「絶対的貧困層」に当たる人びとで，2001年には，まだ全人口の34.6%にも及んでいる。急速な物価の上昇は，貧困層を直撃しているのである。

6-8. マドゥコリのパターンの変化（その2）

バウルは，1970年頃から村でマドゥコリをするだけでなく，列車のなかでも歌をうたって稼ぐようになった。しかし，1990年代の中頃から，列車で稼ぐバウルがめっきり少なくなった。そして2002年から，車内で稼ぐバウルをまったく見かけなくなった。

バウルが村でマドゥコリをする場合，喜捨として受けとるのは，米や季節の野菜などの「現物」である。それに対し，列車内でうたって稼ぐバウルが受けとるのは，もっぱら「現金」である。

1980年代まで，インドのローカル列車に乗ると，ポケットには20パイサや25パイサの小銭がいくつも必要だった。つぎつぎと来るバウルや乞食，床を清掃する少年などに与えるために必要だったのである。ところが，1990年代中頃から，流通する紙幣や硬貨が高額になってきた。1988年には流通していた5パイサ，10パイサ，20パイサ，25パイサの硬貨がなくなった。50パイサ硬貨はまだ流通しているが，市場ではほとんど見かけなくなった。物の値段の最低額は，現在では1ルピーである。しかし，乗客はバウルや乞食に「1ルピー硬貨」を与えるのはためらうようである。人びとは，まだ，かつての「1ルピーの価値」を記憶しているのである。結果として，バウルや乞食を無視する乗客が増えた。この傾向は，もっぱら列車で歌をうたって稼いでいたバウルには打撃であろう。

バウルや物売りは，列車の無賃乗車を黙認されていた。しかし2002年から，

車内の物売りには営業許可証が必要となった。そして，車内で歌をうたって稼ぐバウルの無賃乗車も黙認されなくなった。車内で歌をうたって稼ぐことは，「営業行為」とみなされるようになったのである。バウルは，インド人観光客や外国人旅行者の利用する昼間の急行列車には乗らなくなった。列車で稼ぐのは，割に合わない仕事になったのである。結果として，バウルは村でマドゥコリをする回数が増えた。

村へマドゥコリに行くために列車を利用するバウルは，乞食や世捨て人と同様に，あいかわらず無賃乗車を黙認されている。バウルが利用するのは早朝の普通列車である。検札官は，「チケットはもっているか」と，一応は問い聞く。しかし，バウルが「マドゥコリをして食べているので，チケットを買うことができない」というと，黙認してくれるという。

6-9. 観光客相手の音楽チーム

1950年代から60年代にかけて，いち早くプロの音楽家の道を歩むようになったのは，音楽的技量に卓越した一部のバウルにかぎられていた。しかし，1990年代の中頃から，ボルプール＝シャンティニケータン地域に住む「ごくふつうのバウル」も，気の合った仲間と音楽チームを編成するようになった。シャンティニケータン地域につぎつぎとできた新富裕層の別荘やリゾートホテルから，演奏を依頼されることが増えたからである。バウルは，村にマドゥコリに出かけるときは単独行動であるが，演奏の依頼を受けると音楽チームを組むのである。

シャンティニケータンのSP地区のGDBも，そのような音楽チームに所属している。音楽チームは5人編成で，リーダーは，1990年代にSP地区に移住してきたBDBである。メンバーは，BDBとGDBのほかに，タブラー（太鼓）奏者，バーンシー（竹の横笛）奏者，そしてハルモニウム（箱形の手押しオルガン）奏者である。このうちバウルは，BDBとGDBで，楽器演奏だけでなくボーカルも担当する。あとの3名は音楽愛好者で，ほかに職をもっている。しかし，演奏依頼があると，全員がバウルの衣装を着用して出かける。観光客相手の音楽チームには，しばしば「バウルもどき」が紛れ込んでいるのである。

BDB と GDB は，詩人タゴールで有名なシャンティニケータンを訪れた外国人観光客や，遠来の客をもてなす金持ちのベンガル人に請われて，ときにバウルの歌をうたうことがあった。また，ほかの音楽チームのパートタイムのメンバーとして，別荘やリゾートホテルで演奏することもあった。しかし彼らは，2000 年頃から，別荘の管理人やリゾートホテルのマネージャーから，「自分の音楽チームをもっていますか」とか，「全部込みで演奏料はいくらですか」とかの問い合わせを受けるようになったのである。たぶん BDB と GDB の人柄が好印象を与えたのだろう。こうして，BDB の提案で，聴衆のリクエストに柔軟に対応できるように，タブラー，バーンシー，ハルモニウムの奏者を加えて，観光客相手の 5 人編成の音楽チームが誕生したのである。彼らは，観光客相手の演奏のことを「プログラム」とよんでいる。

　リーダーの BDB は，自宅に看板を掲げ，名刺をつくり，シャンティニケータンのリゾートホテルのマネージャーや別荘の管理人に挨拶回りをした。2005 年には携帯電話にも加入した。彼の営業活動は功を奏し，演奏依頼も徐々に増えているという。

　BDB の音楽チームは，繁忙期の休日には 1 日に数ヵ所からの演奏依頼を受けることもあるが，閑散期には月に 2～3 回のこともあるという。それでも平均すると，週に 1～2 度の演奏依頼を受けるという。BDB の 5 人編成の音楽チームの出演料は，2 時間の演奏で平均 1000 ルピーである。出演料は各メンバーに平等に分配される。しかし，リーダーの BDB には，依頼者から 100～300 ルピーの祝儀が，別途に渡されることがある。また個々のメンバーにも，演奏を気にいった聴衆から 20～50 ルピーの祝儀が渡されることがある。それらの祝儀は，受けとった者のものになることは，メンバー全員の了解事項である。

6-10. GDB の経済活動（1988 年）

　シャンティニケータンの SP 地区に住む GDB は，自分のことを「10 ルピー・バウル」とよぶ。次の表 1 は，1988 年 1 月 1 日から 12 月 31 日までの，1 年間の彼の稼ぎをまとめたものである。なお，この表 1 は本書第 2 部の「第 3 章　マドゥコリの暮らし」の基礎資料の一部となったものである。次の議論

との比較のために再掲する。

表1 「10ルピー・バウル」の経済活動（1988年）

方　法	日　数	収入（ルピー）
村や町でのマドゥコリ	125	1445.80*
列車でうたって稼ぐ	64	615.70
村や町でのマドゥコリと列車での稼ぎ	13	215.00
祭りやメラへの参加	16	72.00
演奏会への参加	10	60.00
要請によりうたう	8	539.00
その他	25	280.00
休日	117	0
合　　計	378**	3227.50

* コメや野菜などの現物は，市場価格に換算し，ルピーで表示した。
** マドゥコリをした日の夕方に，歌を要請された日などは，両方を1日と計算した。

6-11. GDBの経済活動（2007年，概算）

　さて，バウルの2007年の稼ぎを，シャンティニケータンのGDBを例に概算してみよう。

　GDBは，現在でも週に3日は村にマドゥコリに出かける。これを概算すると，彼は年間に165日マドゥコリに出かけたことになる。彼が村で1日マドゥコリをすると，村人からの喜捨として，米2〜3キロと，季節の野菜1〜2キロを受けとるという。2007年の市場価格では，米1キロの値段は22ルピー，季節の野菜1キロの値段は，平均すると，おおよそ米の半額である。GDBの1日のマドゥコリで得た喜捨を，市場価格に換算して概算すると，71ルピー50パイサ（Rs.71.50.-）ということになる。つまり彼は，マドゥコリで年間1万1797ルピー50パイサ（Rs.11,797.50.-）稼いだことになる。

　GDBは，週に1〜2回，プログラムに出演するという。これを概算すると，彼は年間83回のプログラムに出演したことになる。彼は1回のプログラムで，平均すると200ルピーの出演料を受けとる。したがって，年間のプログラムの出演料として，1万6600ルピー（Rs.16,600.00.-）稼いだことになる。

　バウルは，数年前から列車のなかで歌をうたって稼がなくなった。その理由は，すでに述べたように，列車で稼ぐのは，割に合わない仕事になったからあ

る。さらにバウルは，メラや祭りに参加しなくなった。それは，ベンガルで主要なメラや祭が行われるのは，秋の米の収穫がおわり，もっとも気候のおだやかな霜期と冬に集中しているからである。その時期は観光シーズンで，観光地となったシャンティニケータン地域の繁忙期である。したがって観光客相手の音楽チームを編成しているバウルには，割りに合う仕事が殺到する時期でもあるからである。

　GDBが，村にマドゥコリに出かけなかった日や，プログラムに出演しなかった日を休日とみなすと，それは年間117日となる。週休2日のペースは，20年前と変化していない。

　GDBのマドゥコリとプログラムによる稼ぎは，不確定要素のおおい祝儀を除いて概算すると年間2万8397ルピー50パイサ（Rs.28,397.50.−）となる。これらの概算をまとめると，つぎの表4のようになる。

表4　GDBの経済活動（2007年，概算）

方　法	日　数	収入（ルピー）
村でのマドゥコリ	165	11,797.50
プログラムに出演	83	16,600.00
列車でうたって稼ぐ	0	0.00
メラや祭への参加	0	0.00
休日	117	0.00
合　計	365	28,397.50

6-12. バウルの適応戦略

　今までの議論を整理しながら，表1と表4を比較すると，インド社会の急速な経済成長にともなうシャンティニケータン地域の観光現象に対する，バウルの適応戦略がうかびあがってくる。まず気づくのは，バウルにとって，マドゥコリで生活することの重要性である。バウルが村人から喜捨として受けとるのは，米や季節の野菜などの「現物」である。「現物の価値」は，インド社会の急速な経済成長にともなう物価の上昇に影響されない。バウルは，村でマドゥコリをするかぎり，生活の基盤は脅かされないのである。

　表1と表4をみると，GDBの2007年の稼ぎ（Rs.28,397.50.−）が，1988年の稼ぎ（Rs.3,227.50.−）に比べ，8.8倍になったことがわかる。この期間の米

1キロの値段が，1988年の4ルピーから2007年の22ルピーへと5.5倍の上昇なので，彼の稼ぎは物価の上昇を上回っている。これは，別荘やリゾートホテルで観光客相手のプログラムという，「割りに合う」仕事が増えたからである。

　観光客が求めているのは，シャンティニケータンの別荘やリゾートホテルで，バウルの歌や音楽を聴いたり，バウルの演奏で踊ったりして，家族や友人と楽しむことである。バウルもそのことを十分に承知している。バウルは，観光客相手の音楽チームを組織するときに，聴衆のリクエストに柔軟に対応できるように，バウルではないタブラー奏者やバーンシー奏者，ハルモニウム奏者を加えた。また演奏依頼があると，メンバー全員がバウルの衣装を着て出かけるようにした。

　バウルは，マドゥコリの生活という「バウルの道」の基本を守りながら，インド社会の急速な経済成長にともなうシャンティニケータン地域の観光現象に対して，音楽チームを組織するという方法で適応しているのである。

6-13. プロのグルの出現と在家の弟子

　バウル派の構成員には，マドゥコリで生活するバウルだけでなく，かなりの数の在家の信者も存在する。それらの在家の信者は，プロのグルに入門し，一連の宗教的トレーニングをうけ，「サードナ」とよばれる宗教儀礼を実践しようと努力しているのである。たとえば，ビルブム県のラムプルハートから東に約8キロのT村に，スリバス・チャンド・ゴスワミ（Sribas Chand Goswami, 以下SCG師）という名のプロのグルが住みついており，その村で重要な役割をはたしている。ほとんどすべての村人は彼の信奉者だったし，実際，そのおおくは彼の弟子だった。しかし弟子である村人は，自分たちのことをバウルとは名のらなかったし，他者からもバウルとはみなされていなかった。

　ラムプルハートのニッティヤナンダ・ダシュ・バウル（Nityananda Das Baul, 以下NDB）が，SCG師の弟子であることはすでに述べた。わたしはNDBに案内されて，T村のSCG師を訪問したことがある。キョウダイ弟子（グル・バイ）のNDBが，外国人を連れてグルのアーシュラムに来ていることを知った村人は，SCG師のアーシュラムに集まってきた。弟子である村人は，SCG師やNDBと一緒にバウルの歌をうたい，和やかに談笑していた。SCG

師によると，ここビルブム県のT村だけでなく，ナディア県やムルシダバード県にもアーシュラムがあり，そこでも大勢の弟子がいるという。

それではSCG師には，なぜ，バウルではない在家の弟子が大勢いるのであろうか。もちろん，SCG師の魅力的な人柄が村人を引きつけているのであろう。しかし，別の視点からの解釈も可能なようである。

1952年，イギリスから独立してわずか5年後，インド政府は世界に先駆けて人口抑制政策を打ち出した。以来，何度も野心的な目標を掲げてきたが，そのたびに成功とはいえない結果となった［西川 1989：184］。

人口政策導入以降のもっとも大きな転換点は，1975年のインディラ・ガンディー政権下の「非常事態宣言」時にあり，この間に家族計画に対する強力な政策的支援が行われた。人口増加を急速に鈍化させるため，家族計画プログラム履行上の中心は，不妊手術の受容者を増加させることにおかれていた。

不妊手術は当時のインドでは主流の避妊法のひとつで，女性が受けるケースが圧倒的に多かった。政府はこの現状を変えようとした。男性が受ける精管結紮（せいかんけっさつ，いわゆるパイプカット）はメスを使わず，女性が受ける卵管結紮よりも，はるかに手術代が安く，簡単な処置で済む。当時のインディラ・ガンディー首相は，人口増は国家の非常事態にあたるとして，政府の権限で国民にパイプカット手術を受けさせようとしたのである。数値目標を達成するため，当局の家族計画担当者にはノルマが割り当てられた。一部の州では，避妊手術を受けないと，住宅などの公的補助が受けられなくなった。警官が貧しい人びとを捕まえて，強制的に不妊手術を受けさせるといったやり方までまかり通ったのである［クンジグ 2011：68-69, 80］。

インド保健家族福祉省の各年次報告書によると，不妊手術件数がピークになるのは1976-77年で，826万件の不妊手術が行われた。この受容者数は，非常事態宣言前の3年間の年平均手術件数223万件の4倍近い件数となっている。しかし，不妊手術を中心とした強引な家族計画政策に対する批判は大きく，1977年の政権交代後3年間の年平均手術件数は，非常事態宣言以前の水準を下回る140万件に減少した。非常事態期間における家族計画プログラムの強引な実施方法に対する反省は，その後の人口政策に影響を与えている。非常事態宣言終了後，「家族計画プログラム」は「家族福祉プログラム」に名称が変更

され，家族計画受容に際しては，個人の意思尊重が第一義とされた［西川 2007：23-24］。パイプカット手術を受けるか受けないかは，自発的意思によるものであることが確認されたのである。

T村の在家の弟子は，「わたしたちは，SCG師に入門し，シッカ（宗教的トレーニング）を受けてたいへん幸せ」と語り，「もう子どもが生まれる心配がありません」（ār bāccā hobena）と語ったのである。在家の弟子は，確かにバウルの「サードナ」を学んだ。しかし，バウルの「サードナ」そのものは，「豊かな性生活の実現」と「バース・コントロールの手段」に矮小化されているのかもしれない。

第7章　現代インド文明のメッセージ

　西行や松尾芭蕉，菅江真澄をもちだすまでもなく，日本人にも出家願望や漂泊の旅へのあこがれといった意識は存在する。インドと日本のあいだには，そのような共通した意識がたしかに存在するが，ふたつの点で決定的な相違も存在する。ひとつは，インドでは「四住期」（アーシュラマ）という観念が普遍化し，いわば実践倫理として定着していることである。もうひとつは，理想を本当に実現しようとする人の数が，日本に比べればはるかに多いことである。ちなみに，現代においても，全インドには約500万人のサードゥーがいるとされる[56]。

　ふたりの日本人女性が，バウルの歌と音楽に魅せられて，日本での職を辞し，バウルのグルに弟子入りをして，バウリニ（バウルの女性形）になった。ひとりは，西ベンガル州バルドマン県に住むかずみ・まきさん（以下，KMさん）である[57]。もうひとりは，西ベンガル州バンクラ県に住むホリ・ダシさん（以下，HDさん）である[58]。2011年1月現在の，ふたりのインド滞在年数は，KMさんが19年，HDさんが8年である。わたしは，彼女たちがマドゥコリの生活をしているのかどうかは知らない。もっとも，彼女たちはインド人ではないし，ヒンドゥー教徒でもないので，カーストの義務を放棄し，マドゥコリの生活を採用する必要もない。

　わたしは，HDさんとは面識がないが，KMさんとは1992年11月に会ったことがある。朝日新聞の記事にKMさんのことが紹介されていて，「グルとよばれる導師の内弟子になり，導師率いるバウル一行と村々を巡る日々が始まった」と書かれていた[59]。わたしは，さっそく朝日新聞大阪本社に電話をし，KMさんの連絡先を教えてもらった。当時の日本では個人情報に関する意識も低く，そのようなことが可能だったのである。わたしは，KMさんと会う機会をつくり，

---

[56]　武石英史郎「世を捨てる」『朝日新聞』2010年6月26日。
[57]　かずみ・まき「バウルの便り」『集広舎コラム』第1回（2008.09.14）〜第14回（2010.04.03）。http//shukousha.com/column/kazumi/baul。
[58]　井生明「現代に響く吟遊詩人の歌」『旅行人』No.162（2010年下期号）62–73頁。
[59]　無署名記事「ニューフェース」『朝日新聞』1992年11月12日。

話を聞いた。彼女によると，1991年の秋に国立民族学博物館の特別展「大インド展——ヒンドゥー世界の神と人」で行われたバウルの公演に衝撃をうけたという。そして，その年の12月に渡印し，弟子入りをはたし，一時帰国中という。いずれは行動をともにした導師とキョウダイ弟子を呼んで日本で公演するのが夢という。その後，KMさんの夢がかない，年に数ヵ月の日本公演が実現した。

　このことは，べつに驚くことではない。わたしはフィールドワーク中に，バウルの歌と音楽に魅せられて，何度もベンガルの地を訪れているヨーロッパ人女性を，何人も見ていたからである。また，そのような外国人女性を広告塔として利用し，海外公演をもくろむバウルも少なからずいたからである。しかし，バウルの歌と音楽に魅せられて，ベンガルの地に住みついたヨーロッパ人女性はいなかった。

　KMさんは，「演奏活動」という表現をしていたので，最初はワールド・ミュージックとしてのバウルの歌と音楽の演奏家になろうとしたのかもしれない。しかし，KMさんによると，「現在は演奏活動を控え，ひっそりとアーシュラム暮らしをしている」という。そして，現在は「修行中」であるともいう。彼女は，バウルの歌を通じてバウルの宗教をまなび，導師を通じて「バウルの道」の究極の目標を知り，それを追求しようとしているのである。KMさんが意識をしているのかどうかは不明であるが，彼女はサードゥーのようなゲルア色の衣装を着てバウルの歌をうたい，インド人聴衆に「ダルシャナを与えている」のである。そしてインド人聴衆は，彼女の姿を「ちらっと見て」，確実に「ダルシャナを得ている」のである。

　2008年，バウルの歌と音楽はユネスコの「人類の無形文化遺産の代表リスト」に登録された。これをきっかけに，日本でもワールド・ミュージックとしてのバウルの歌と音楽のファンが急増しているという。ひょっとすると，KMさんやHDさんのような日本人女性が，今後も出現するかもしれない。なぜなら，「人は，もしバウルの道にしたがうならば，だれでもバウルになれる」からである。

　現代のインド文明は，地球時代に生きるわたしたちに，宗教の究極の理想としての「神との合一」という目標と，それにいたる「世捨ての道」を提供しているのである。

第8章　結論

　ベンガルのバウルの民族誌的記述と分析を通じて考察したことを要約して，本書の結論としよう。

(1) バウルの道

　バウルは，一般のベンガル人に経済的に依存し「マドゥコリ」をして生活費を稼いでいる。「マドゥコリ」という語は，「蜂が花から花へと蜜を集めるように，一軒一軒物乞いをして歩くこと」という意味である。すなわち，ベンガルのバウルとは，「みずからバウルと名のり，バウルの衣装を身にまとい，人家の門口でバウルの歌をうたったり，あるいは「神の名」を唱えたりして，米やお金をもらって歩く人たち」のことである。バウルは「門付け」や「托鉢」をして生活費を稼いでいるのである。

　マドゥコリの生活は，ひとりの人間が「バウルになる」ためにも，また「バウルである」ためにも不可欠の要件である。これは彼らが選んだライフスタイルである。そしてこのライフスタイルそのものが，彼らが主張する「バウルの道」の基本である。バウルの道とは，「マドゥコリの生活にはじまり，神との合一という究極の目標にいたる道」である。

(2) もうひとつのライフスタイル

　ベンガル社会の「だれが」，「なぜ」マドゥコリの生活を採用し，バウルになったかを，バウルのライフヒストリーを中心に検討した。

　バウルになった動機には，いくつもの要因が複雑にからみあっているのがふつうである。それらは，慢性的な貧困，父母の別居による家庭崩壊，本人の意思のはいりこむ余地のない結婚に対する不安，世代間の反目，乳・幼児期における親の死の経験，土地所有権や相続権をめぐる争い，低いカースト身分など，解決できない抑圧の具体的な経験である。

　このように，バウルになる動機となった要因のおおくは，カースト社会に内

在している特質や矛盾に起因している。そして，それらの要因が彼らを脱却できない貧困においこみ，結果として生じた感情的な緊張や心理的な圧力は，バウルには「現実」であるが「耐えがたい」と感じられていた。これらの社会的・心理的な問題に対する解答は，「厳しい現実に耐える」か「耐えがたい現実から自由になるか」の二者択一である。このような状況のなかで，バウルのおおくは，自分の身にふりかかった問題に対する意味ある解決策を，文化的に是認された「世捨て」，すなわち「マドゥコリの生活」に見いだすことができたのである。

　以上の議論から，マドゥコリの生活は，個人の選択肢が制限されたカースト社会における，選択可能な「もうひとつのライフスタイル」であると結論づけた。バウルの道は，サードゥーやヨギー，ボイラギなど，インド社会に存在するいくつかの「世捨ての道」のひとつである。インド文明には，カースト制度にともなって，それと矛盾する世捨ての制度が，文明の装置として組み込まれているのである。

(3) ダルシャナ現象
　「世俗の人びと」と「世捨て人」との関係を考察するために，インドの聖地ではどこでも観察される「ダルシャナ現象」を考察した。
　ダルシャナ現象とは，乞食遊行の修行者サードゥーなどの「世捨て人」に対する「世俗の人びと」の態度の根拠となっている信仰形態である。「ダルシャナ」（darśana）という語は，「見ること」あるいは「知らせること」という意味である。ベンガル語の日常的な会話の文脈では，「ダルシャナを得る」とは「ちらりと見ること」であり，「ダルシャナを与える」とは「ちらっと姿を見せること」である。世俗の人びとにとっては，聖地を巡礼するサードゥーをちらっと見ることは，聖地の寺院に祀られた神像をちらっと見ることに相応するとされている。そして世俗の人びとは，敬けんなヒンドゥー教徒が神像を取り扱うのとおなじやり方で，サードゥーに対して丁重に接しなければならないのである。それは，「ダルシャナを得た」ことに対する返礼である。
　現代においても，カースト社会に生きる世俗の人びとにとって，世捨て人は相反する生活様式を採用した人であるが，「究極の理想を追求する人」として

存在しているのである。そして世俗の人びとは，世捨て人に食べ物や金などを施与し，世捨て人の生存を保証しているのである。それは，世俗の人びとにとっての「スヴァダルマ」（本分）とされているのである。

　古代から現代にいたるまで，インド人の大多数の生き方を方向づけているゾルレン（当為）としての生き方，人間の理想として「まさになすべきこと」，「まさにあるべきこと」，それが「四住期」（アーシュラマ）というかんがえ方のなかに反映しているのである。「ダルシャナ現象」は，「四住期の制度」の現代的な表現である。

(4) 3種のグル

　ベンガルのバウル派には，ふたつの基本的な通過儀礼がみとめられる。

　まず第1は，「ディッカ」（dīkṣā）とよばれる「バウル派の特定のグルへの入門式」である。この入門式のグルは「ディッカ・グル」とよばれ，入門者の耳に「ディッカ・マントラ」をふきこむ。そして第2は，「ベック」（bhekh）とよばれる「世捨て人の身分への通過儀礼」である。この通過儀礼のグルは「ベック・グル」とよばれ，弟子に新しい「乞食の鉢」（bhikṣā pātra）をあたえる。男性の弟子は，乞食の鉢にくわえて，新しい「ふんどし」（daṛī koupīn）もうけとる。

　ディッカのあと，「シッカ」（śīkṣā）とよばれる一連の「宗教的トレーニング」が開始されることがあり，そのグルは「シッカ・グル」とよばれる。シッカ・グルは，ディッカ・グルと同一人物であってもよいし，別人であってもよい。また，複数のシッカ・グルをもってもよい。

(5) バウルの宗教

　バウルの宗教にはいくつもの宗教的伝統が流れこんでいる。しかし，バウルの宗教の核心的な部分は，「サードナ」とよばれる宗教儀礼の実践にある。そしてサードナのすべては，「人間の肉体は，真理の容器」（deha tattva）という信仰にもとづいている。つまりバウルは，人間の肉体を小宇宙とみなし，みずからの肉体に宿る神と合一するために，みずからの肉体を駆使してサードナを実践するのである。そして，サードナに関することがらは，もっぱらグルから

弟子へ，こっそりと伝えられるのである。

(6) バウルの歌

　バウルの宗教は，バウルの歌に表現されている。しかし，バウルの宗教には秘密のことがらがおおいので，その秘密をうたいこんだバウルの歌には，しばしば「暗号のような語句や表現」が意図的に使用されている。このためバウルの歌は，部外者にとっては難解で，意味不明のことがおおい。その反面，部内者には「なぞ解き」をするような面白さがあるといわれる。

　「人間の肉体は，真理の容器」という信仰は，インドではおおくのタントラ派やヨーガ派，イスラム神秘主義者にも支持されている信仰である。バウルの歌と宗教が独特なのは，この信仰にもとづいたバウルのサードナをユニークに展開させていることにある。

(7) 師弟関係

　バウルにとってもっとも重要な関係は，彼と彼の肉体に宿る「心の人」（モネル・マヌシュ）とよばれる神との関係である。しかし，その関係は内面的なものである。バウルにとって宗教的・社会的な意味でより重要なのは，この内面的な関係を仲介し反映する彼のグルとの関係である。

　「バウルの道」には4つの宗教的段階が存在する。すなわち，まず最初が「無知の段階」(mūrtha)，第2番目が「準備の段階」(prasttati)，そして第3番目が「サドクの段階」(sādhak)である。このサドクの段階に入って，弟子はサードナの実践を許可される。そして弟子が，自分の肉体に住む「心の人」とよばれる神と合一し，神を実感したとき，最後の「成就の段階」(siddhi)に達するのである。

　シッカ・グル（宗教的トレーナー）の役目は，弟子を「無知の段階」から「準備の段階」へと招き，「サドクの段階」へ導くことである。グルにとっても，弟子にとっても，とりわけ重要なのは「準備の段階」である。この段階における宗教的トレーニングは，ときには数年間におよぶ。

(8) サドクとサディカ

「サドクの段階」への進級を許可された男性の弟子が独身者の場合，サードナを実践するために，彼には女性のパートナーの「サディカ」が必要となる。グルは弟子にサディカを探すようにと示唆する。

　弟子が女性パートナーを見つけると，グルの前で「ネックレスとビャクダンの練り粉の交換式」が行われる。そして彼らは，その日のうちに同居を始める。しかし，それは結婚したという意味ではない。彼らは，たがいに尊敬しあう「サドク（男性修習者）」と「サディカ（女性修習者）」なのである。サドクとサディカの関係は，「夫」と「妻」ではなく，恋人同士の「ナヤカ」と「ナイカー」なのである。恋人同士のナヤカとナイカーの目的は，子どもをつくることではない。いやむしろ，子どもをつくってはいけないのである。

(9) 夫婦関係の清算

　特定のグルに入門し，一連の宗教的トレーニングを受けたバウルのおおくは，彼らがディッカやシッカを受けた時点で，すでにマドゥコリの生活を採用し，バウルになっていた。たいていの場合，彼らはすでに結婚していた。彼らの関係は「夫」と「妻」だったのである。

　男女の弟子は，バウルの歌を通じてバウルの宗教や儀礼を学んだ。さらに，男性の弟子はヨーガの修業を通じて自己鍛錬にはげんだ。ヨーガの修業は，とくに男性の弟子にとっては重要である。そしてグルは，ふたりの弟子がサードナの実践に成功すると確信したので，「サドクの段階」への進級を許可したのである。そしてグルは，ふたりの弟子が「サドク」と「サディカ」になるために，「ベック」の通過儀礼を受けるようにと指導したのである。

　ベックは，「世捨て人の身分への通過儀礼」である。しかし，この儀礼によって彼らは「夫」と「妻」という彼らの以前の属性も失い，「サドク」と「サディカ」に生まれ変わったのである。ベックの通過儀礼は，「世捨て人の身分への通過儀礼」であると同時に，「夫婦関係清算の儀礼」でもあるのである。

(10) 「ドリ・コウピン」のシンボリズム

　ベックの通過儀礼で，グルは弟子に「乞食の鉢」（bhikṣā pātra）を与える。男性の弟子はそれに加えて新しい「ふんどし」（darī koupīn）を受けとる。

ドリ・コウピンは，男性原理のシンボルであることは明らかである。さらに，宗教的に上級段階に達した男性バウルにのみ，ドリ・コウピンの着用を許されるのである。したがってそれは，ヨーガの修行によって「性的エネルギーの制御」を意味する「ブロフモチョルジョ」を成就した男性バウルのシンボルでもある。つまり，ベックは，バウルのサードナでもっともむずかしいとされる「ジュガル・サードナ」を実践できるようになった男性バウルの，「免許皆伝の通過儀礼」なのである。

ドリ・コウピンは，バウルの「男性性」だけでなく，彼の「女性性」をシンボライズするためにも使用されている。つまり「ドリ・コウピン」は，バウルの宗教的態度「ゴピー・バーヴァ」のシンボルなのである。

ゴピーがクリシュナを愛したように，バウルは狂ったように神を愛する。「ドリ・コウピン」を着用することによって，彼のブロフモチョルジョは安定し，揺るぎないものとなっている。彼はけっして「射精」をしない。同時に，「ドリ・コウピン」を着用することによって，彼は女になった。彼は，今やゴピーだ。彼はもはや「射精」ができない。結果として彼は，象徴的に「月経血」を流す。ドリ・コウピンは，彼の「生理用ナプキン」なのである。

(11) ベンガル社会の変化とバウル

1951年，詩人タゴールが設立したヴィシュヴァ・バーラティ大学は国立大学となった。大学はそれ以後，「ポウシュ月の祭典」や「マーグ月の祭典」を開催するようになった。大学は，祭典のプログラムのひとつとして，バウルの歌の音楽会を開催するようになった。タゴールのシャンティニケータンは，重要な観光資源と考えられるようになったのである。

ベンガル社会の急速な変化に呼応して，いち早くプロの音楽家の道を歩むようになったのは，音楽的技量に卓越した一部のバウルにかぎられていた。しかし，1990年代の中頃から，ボルプール＝シャンティニケータン地域に住む「ごくふつうのバウル」も，気の合った仲間と音楽チームを編成するようになった。シャンティニケータン地域に次々とできた新富裕層の別荘やリゾートホテルから，演奏を依頼されることが増えたからである。

しかしバウルにとって，マドゥコリで生活することの重要性は変化していな

い。バウルが村人から喜捨として受けとるのは，米や季節の野菜などの「現物」である。「現物の価値」は，インド社会の急速な経済成長にともなう物価の上昇に影響されない。バウルは，村でマドゥコリをするかぎり，生活の基盤は脅かされないのである。

　バウルは，マドゥコリの生活という「バウルの道」の基本を守りながら，インド社会の急速な経済成長にともなうシャンティニケータン地域の観光現象に対して，音楽チームを組織するという方法で適応しているのである。

　また，ベンガル社会の近代化とともに，プロのグルと在家の信者が出現したことを指摘し，その原因について考察した。

(12) 現代インド文明のメッセージ

　ふたりの日本人女性が，バウルの歌と音楽に魅せられて，日本での職を辞し，バウルのグルに弟子入りをし，バウリニになったことを紹介した。

　2008年，バウルの歌と音楽はユネスコの「人類の無形文化遺産の代表リスト」に登録された。これをきっかけに，日本でもワールド・ミュージックとしてのバウルの歌と音楽のファンが急増しているという。ひょっとすると，KMさんやHDさんのような日本人女性が，今後も出現するかもしれない。なぜなら，「人は，もしバウルの道にしたがうならば，だれでもバウルになれる」からである。

　現代のインド文明は，地球時代に生きるわたしたちに，宗教の究極の理想としての「神との合一」という目標と，それにいたる「世捨ての道」を提供しているのである。

跋

　本書のかなりの部分は，筆者がイリノイ大学大学院に提出した学位論文［Murase 1991］や，大手前大学紀要に掲載された拙論［村瀬 2006, 2008, 2009, 2010, 2011, 2012, 2013, 2014］がもとになっているが，本書を執筆するにあたって大幅に構成しなおした。また，その後の補足的な調査でえられた資料をもとに，加筆修正した部分もかなりある。

　本書のもととなるフィールドワークのいくつかは，イリノイ大学大学院，AIIS（American Institute of Indian Studies），および科学研究費補助金からの資金援助のおかげで可能となった。1983年の予備調査では，イリノイ大学大学院から The Joseph Casagrande Award（Award for Pre-Dissertation Research）を受けた。1987年～1989年の本調査では，AIIS から Award for Research in India を受けた。1998年以降の調査では，科学研究費補助金から3度の資金援助を受けた。それらは，山本勇次氏を研究代表者とする科研費「スラム地区住民の適応に関する比較研究」（平成10・11年度科学研究費補助金［基盤研究（A）(2)］），江口信清氏を研究代表者とする科研費「スラム地区住民の自生的リーダーシップに関する地域間比較研究」（平成15年度～平成17年度科学研究費補助金［基盤研究（A）(2)］），そして江口信清氏を研究代表者とする科研費「社会的弱者の自立と観光のグローバライゼーションに関する地域間比較研究」（平成18年度～平成20年度科学研究費補助金［基盤研究（A）］）である。ここに記して謝意を表したい。

　本書ができるまでに，数多くの方々にお世話になった。まず第1に，これまでのフィールドワークに協力してくれたベンガルのバウル全員に，お礼をいわなければならない。彼らの親切心や忍耐力，寛容さがなければ，調査はたぶん不可能だっただろう。わたしは，バウルの多くが実名よりもむしろ匿名のほうを好むことを承知している。しかしわたしは，ライフヒストリーの語り手として登場する7人のバウルと，語り手としては登場しなかったが教えを受けたグルの愛称をあげて，彼らの助力に対する謝意を表明したいと思う。「振り子行

者」「詩人バウル」「元バラモン」「宿なしバウル」「10 ルピー・バウル」「グラメール・バウル」「歌姫の息子」，そして「孫バウル」には，言葉では感謝の気持ちをあらわせないほどお世話になった。

　どんな調査活動でも，調査の進展に献身的に協力してくれる人びとや研究機関が存在するものだ。わたしがお世話になった人びとや研究機関は数多く，名をあげていけばきりがないほどであるが，そのすべてにわたしの感謝の意を表明したいと思う。

　とりわけ，カルカッタ大学の南および東南アジア研究センターのブッドデブ・チョウドゥリ教授のお名前をあげたい。彼はわたしの調査の進展に献身的に協力してくれた。月に一度，カルカッタで彼と会い意見を交換することは，わたしの楽しみであった。わたしは彼の友情と知的な激励に感謝したい。同様に，ヴィシュヴァ・バーラティ大学のシャンティデヴ・ゴーシュ教授，ビノイ・バッタチャルジョ教授，そしてオンカル・プラサド博士のお名前をあげたい。彼らは，数えきれないほどの会話を通じて，わたしに有益な情報を教えてくれた。彼らの寛大さと友情に感謝をしたい。また，AIIS カルカッタ事務所の，タラム・ミットロ所長のお名前もあげたい。彼は，インドにおける諸手続きなど，煩わしい事務仕事をてきぱきと片付けてくれた。また彼は，インド人研究者をわたしに快く紹介してくれた。彼の寛大さと友情に感謝したい。彼と月に一度カルカッタで会い，意見交換することは，やはりわたしの楽しみであった。

　インド各地で，多くの人びとに温かく迎えられた。とくに次の方々のお名前をあげて，わたしの格別の謝意を表したい。ニューデリーのゴウタム・シン夫人は，わたしに必要な休息の場と，すばらしいヴェジタリアン料理を提供してくれた。また，カルカッタのベンガル仏教協会のダルマパール・マハテーラ師のお名前をあげたい。ベンガル仏教協会には，東南アジア方面からの仏教遺跡巡礼者用の宿泊施設があった。ダルマパール・マハテーラ師は，巡礼者用の部屋を，巡礼者ではないわたしに，いつも快く提供してくれた。わたしは師の親切な行為と寛大さに，心から感謝の意を表したい。

　フィールドワークの本拠地シャンティニケータンでも，多くに人びとにお世話になった。とくに次の方々のお名前をあげて，わたしの感謝の意を表したい。

ヴィシュヴァ・バーラティ大学の日本学科長は，山下幸一さんだった。山下さんとはじめて会ったのは87年7月上旬だったが，その2年ほど前から，おたがいに名前だけは知っていた。そして，おたがいに会いたいと思っていたので，会ったとたんに意気投合した。山下さんは，わたしのフィールドワークに全面的協力を申し出てくれたので，わたしは，熱心なベンガル語教師と献身的なリサーチ・アシスタントをすぐに紹介してほしいと，勝手な注文をした。

わたしのベンガル語教師は，シュミタ・バッタチャルジョさんという美人で魅力的なベンガル人女性である。シュミタさんは，山下さんの同僚の愛弟子で，ヴィシュヴァ・バーラティ大学大学院博士課程でベンガル文学を専攻していた。レッスンは，月曜から金曜まで，毎朝8時から10時まで，シュミタさんの自宅で行われた。シュミタさんの父上は，ヴィシュヴァ・バーラティ大学の歴史学の教授で，レッスンのあとのお茶の時間にはしばしば同席された。父上はわたしの研究に興味を示され，わたしたちの会話はいつもはずんだ。こうして，わたしのベンガル語能力はめきめき上達し，2ヵ月目には日常会話にほとんど不自由を感じなくなった。余談であるが，シュミタさんの父上とAIISのミットロ所長とは，旧知の間柄であると後で知った。

わたしのリサーチ・アシスタントは，モロイ・ムカルジー君というベンガル人青年である。モロイ君は，山下さんの学生だった。彼は，大学で化学を専攻し，卒業後，ヴィシュヴァ・バーラティ大学日本学科で日本語の勉強をはじめたばかりだった。モロイ君は，日本語も英語も上手でなかった。しかしそのことは，わたしのベンガル語の会話能力を向上させるには好都合だった。

わたしがベンガル語を習っていた最初の3ヵ月間，モロイ君には毎日午後2時に来てもらい，彼をトレーニングした。わたしは，インド政府の調査許可がおりてからインド入りするまでのあいだに，リサーチ・アシスタントのトレーニング・プランを作っていた。それは，アメリカの大学の教育システムをモデルに，わたしなりに改良したもので，1週間単位でトピックを選び，15週でアシスタントを特訓するという，かなりハードなプランであった。わたしは，イリノイ大学人類学部の学部学生用のテキストを数冊持参していた。わたしは，モロイ君にリーディング・アサインメント（課題）を与え，レクチャー（講義）をし，そのあと口頭で説明させたりした。わたしは，モロイ君が途中で挫

折するのではないかと，何度も心配した。しかし，彼は実によくがんばって，わたしの期待にこたえてくれた。わたしは，3ヵ月という短期間で彼をトレーニングするのに，とりあえず成功した。4ヵ月目からは，モロイ君はフルタイムのリサーチ・アシスタントとして，わたしと寝食を共にして働いてくれた。その間，日本学科の学生としては休学同然で，山下さんにもモロイ君にも，すまないことをしたと思っている。

シャンティニケータンで借りていた家の管理人とその家族にも，たいへんお世話になった。バウルの住む村に出かけ何日も留守にすることもあったが，彼らはベランダに泊まりこんで家を警備してくれた。おかげで盗難など災難は皆無だった。

最後に，わたしを導いていただいた恩師のお名前をあげて謝意を表したい。

まず，わたしは京都大学教授の米山俊直先生に感謝したい。まだ学部学生だったわたしは，米山先生に導かれて文化人類学と比較文明学の魅力を知った。40年以上にわたる先生の熱意と激励，寛大さ，そして友情に，心から感謝している。また，わたしはシカゴ大学のエドワード・ディモック教授に，格別の感謝の意を表したい。ディモック先生は，わたしがイリノイ大学の大学院生であるにもかかわらず，わたしの学位論文の最後の草稿まで，丁寧に読んで下さった。そして，いつも適切なコメントと有益な助言を与えて下さった。わたしはさらに，立教大学名誉教授の小西正捷先生に感謝したい。小西先生は，本書の草稿を何度も丁寧に読んで下さり，その度に的を射た批評と有益な助言を与えて下さった。

わたしがもっとも学恩を受けているのは，イリノイ大学大学院でのわたしのアカデミック・アドバイザーの先生方であろう。先生方には，わたしの人類学者としての職業訓練や研究課題の指導のために，数年間にわたる時間とエネルギーを献身的に提供していただいた。わたしはとりわけ，人類学部のハロルド・グールド教授，デービッド・プラース教授，ブルーノ・ネテル教授，そして音楽学部のチャールズ・キャプウェル教授に，心から感謝したいと思う。

なお，本書の刊行にあたって並々ならぬご高配を示してくださった東海大学の松本亮三教授に厚く御礼申し上げたい。

言うまでもないことであるが，わたしは妻の雅子にたいへん感謝している。

常にわたしを励まし，支えてくれた。常に的確な批評と有益な助言を与えてくれた。ちょっと出かけるといっては，1年も2年も帰ってこない鉄砲玉のわたしを許してくれた。ありがとう。

参考文献

（日本語）

井生　明
　2010　「現代に響く吟遊詩人の歌」『旅行人』No. 162, 62-73 頁。

梅棹　忠夫
　1991　「民族学におけるフィールドワーク」『梅棹忠夫著作集　第 10 巻』
　　　　409-432 頁，中央公論社。

大西　正幸
　1984a　「「絶対」の降る場所 (1)」『春秋』No. 255, 5-8 頁。
　1984b　「「絶対」の降る場所 (2)」『春秋』No. 256, 13-16 頁。
　1984c　「「絶対」の降る場所 (3)」『春秋』No. 257, 19-22 頁。
　1984d　「「絶対」の降る場所 (4)」『春秋』No. 259, 24-27 頁。
　1984e　「「絶対」の降る場所 (5)」『春秋』No. 260, 24-27 頁。

北田　信
　2008a　「ベンガルの詩的象徴：吟遊詩人バウルと古ベンガル語の仏教歌集」『南アジア古
　　　　典学』第 3 号，227-274 頁。
　2008b　「インド・ベンガル地方の吟遊詩人バウルの胎生論」『死生学研究』
　　　　第 10 号，東京大学 COE プロジェクト「死生学の組織と展開」。

クンジグ，ロバート
　2011　「70 億人の地球」『ナショナル　ジオグラフィック（日本版）』
　　　　2011 年 1 月号，62-69 頁，80-83 頁。

小西　正捷
　1974　「バウルの歌　ベンガル民衆の宗教詩」『みすず』No.177, 10-20 頁。

小林　多寿子
　1994　「「経験の物語」と「複合的自叙伝」―ライフヒストリーの重ね合わせをめぐって」，
　　　　井上忠司・祖田修・福井勝義（編）『文化の地平線』70-90 頁，世界思想社。

西川　由比子
　1989　「人口増加の要因と現状」，佐藤宏・内藤雅雄・柳沢悠（編）『もっと知りたいイン
　　　　ド I』183-192 頁，弘文堂。
　2007　「国際人口会議の潮流とインドの人口政策―1990 年代の動向を中心として―」『城

西大学　済経営紀要』25 巻，17-29 頁。

藤井　毅

 2002 「名前」『南アジアを知る事典』511-514 頁，弘文堂。

町田　和彦・丹波　京子

 1990 『エクスプレス　ベンガル語』白水社。

松長　有慶（訳）

 1981 『タントラ　東洋の知恵』(The Tantric World, manuscript by Ajit Mookerjee) 新潮選書。

村瀬　智

 2006 「ベンガルのバウルの文化人類学的研究（1）」『大手前大学社会文化学部論集』第 6 号，331-349 頁。

 2008 「ベンガルのバウルの文化人類学的研究（2）」『大手前大学論集』第 8 号，171-188 頁。

 2009 「ベンガルのバウルの文化人類学的研究（3）」『大手前大学論集』第 9 号，253-275 頁。

 2010 「ベンガルのバウルの文化人類学的研究（4）」『大手前大学論集』第 10 号，213-235 頁。

 2011 「ベンガルのバウルの文化人類学的研究（5）」『大手前大学論集』第 11 号，213-228 頁。

 2012 「ベンガルのバウルの文化人類学的研究（6）」『大手前大学論集』第 12 号，263-284 頁。

 2013 「ベンガルのバウルのライフヒストリーの研究（1）」『大手前大学論集』第 13 号，135-167 頁。

 2014 「ベンガルのバウルのライフヒストリーの研究（2）」『大手前大学論集』第 14 号，229-266 頁。

(日本語以外)

Bhattacarya, Jogendra Nath
   1995 *Hindu Castes and Sects*. Reprint of 1896 edition. Calcutta: Firma KLM.

Bhattācārya, Upendranāth
   1981 *Bānglār Bāul o Bāul Gān* (new edition).(『ベンガルのバウルとバウルの歌』)
      Calcutta: Orient Book Company.

Bhattacharya, Deben
   1969 *The Mirror of the Sky*. London: George Allen & Unwin LTD.

Capwell, Charles H.
   1974 'The Esoteric Beliefs of the Bauls of Bengal.' *Journal of Asian Studies*. 33(2): 255-264.
   1986 *The Music of the Bauls of Bengal*. Kent, Ohio: The Kent State University Press.

Carstairs, G. Morris
   1961 *The Twice Born*. London: Hogarth Press.

Chakravarti, Surath Chandra
   1980 *Bauls: The Spiritual Vikings*. Calcutta: Firma K.L.M.

Chatterji, Suniti Kumar
   1986 *The Origin and Development of the Bengali Language* (reprint ed.).
      Calcutta: Rupa & Co.

Dās, Matilāl and Piyushkānti Mahāpātra (eds.)
   1958 *Lālan Gītikā*(『ラロン・フォキルの詩歌』)Calcutta: University of Calcutta.

Dasgupta, Shashibhusan
   1956 'Some Later Yogic Schools.' Haridas Bhattacharya (ed.) *The Cultural Heritage of India*. Vol. Ⅳ. pp. 291-299. Calcutta: The Ramakrishna Mission. Institute of Culture.
   1969 *Obscure Religious Cults* (3rd ed.). Calcutta: Firma K.L.M.

Datto, Aksṣy Kumār
   1870-71 *Bhārotīyo Upāsok-samprodaye*. Part 1.(『インドの熱狂的な宗派』)Calcutta.

Dimock, Edward C., Jr.
   1959 'Rabindranath Tagore―"The Greatest of the Bauls of Bengal".' *Journal of Asian Studies*. 19 (1): 33-51.

1966 *The Place of the Hidden Moon.* Chicago: The University of Chicago Press.

1971 'Doctrine and Practice among the Vaishnavas of Bengal.' Milton Singer (ed.) *Krishna: Myths, Rites, and Attitudes.* pp. 41-63. The University of Chicago Press.

Dumont, Louis

1960 'World Renunciation in Indian Religions.' *Contribution to Indian Sociology.* No. 4, pp.33-62.

1970 *Homo Hierarchicus.* Chicago: The University of Chicago Press.

Inden, Ronald B. and Ralph W. Nicholas

1977 *Kinship in Bengali Culture.* Chicago: The University of Chicago Press.

Karim, Anwarul

1980 *The Bauls of Bangladesh.* Kushitia. Bangladesh: Lalan Academy.

Kennedy, Melville T.

1925 *The Chaitanya Movement.* Calcutta: Association Press.

Langness, L. L. and Gelya Frank

1981 *Lives: An Anthropological Approach to Biography.* Novate, California: Chandler & Sharp Publishers.

Mahapatra, Piyushkanti

1972 *The Folk Cults of Bengal.* Calcutta: Indian Publication.

Mansur-Uddin, Muhammad (ed.)

1942 *Hārāmanī.* (『失われた宝石』) Calcutta: University of Calcutta.

McDaniel, June

1989 *The Madness of the Saints: Ecstatic Religion in Bengal.* Chicago: The University of Chicago Press.

Murase, Satoru

1991 *Patchwork Jacket and Loincloth: An Ethnographic Study of the Bauls of Bengal.* Ann Arber, Michigan: UMI.

Rawson, Philip

1973 *Tantra: The Indian Cult of Ecstasy.* London: Thames and Hudson LTD.

Ray, Manas

1994 *The Bauls of Birbhum: A Study in Persistence and Change in Communication in Cultural Context.* Calcutta: Firma KLM.

Renou, Louis
 1968 *Religions of Ancient India*. New York: Schocken Books.

Salomon, Carol
 1979 'A Contemporary Sahajiya Interpretation of the Bilvamangal-Cintamani Legend as sung by Sanatan Das Baul.' Richard L. Park (ed.) *Patterns of Change in Modern Bengal*. pp. 97-110.
 East Lansing: Michigan State University, Asian Language Center.

Sen, Dinesh Chandra
 1986 *History of Bengali Language and Literature*. (Reprint Edition.)
 Delhi: Gian Publishing House.

Sen, Kshiti Mohan
 1931 'Baul Singers of Bengal.' Appendix 1 to Rabindranath Tagore's *The Religion of Man*. pp. 207-220. New York: Macmillan.
 1954 *Bānglār Bāul*.(『ベンガルのバウル』) Calcutta: University of Calcutta.
 1956 'The Mediaeval Mystics of North India.' In *Cultural Heritage of India*. Vol.4, pp. 377-394. Calcutta: Institute of Culture, The Ramakrishna Mission.
 1961 *Hinduism*. Penguin Books.

Sen, Sukumār and Tārāpad Mukhopāddhaye (eds.)
 1986 *Srī Srī Caitanyacaritāmrit of Krishnadās Biracita*.(『チョイトンノ不滅の生涯』)
 Calcutta: Ananda Publishers Private Limited.

Singer, Milton (ed.)
 1971 *Krishna: Myths, Rites, and Attitudes*. The University of Chicago Press.

Tagore, Rabindranath
 1922 *Creative Unity*. London: Macmillan.
 1931 *The Religion of Man*. New York: Macmillan.

Ṭhākur, Rabīndranāth (Rabindranath Tagore)
 1905 *Bāul*.(『バウル』) Calcutta.

Woodroffe, Sir John
 1980 *Introduction to Tantra Sastra* (7th ed.). Madras: Ganesh & Company.

新聞記事

　武石英史郎　「世を捨てる」『朝日新聞』2010 年 6 月 26 日。

　無署名記事　「ニューフェース」『朝日新聞』1992 年 11 月 12 日（夕刊）。

インターネット情報

　かずみ・まき　「バウルの便り」

　　　『集広舎コラム』第 1 回（2008.09.14）〜第 14 回（2010.04.03）

　　　http//shukousha.com/column/kazumi/baul．

索 引

【数字】
10 軒　　110
10 軒の家　　110
10 軒目でマドゥコリを中止　　110
10 軒目の主婦　　110
117 日　　114
13 軒の家　　110
16 軒の家　　110
1952 年　　162
1960 年代後半　　153
1988 年　　154
1990 年代後半　　154, 155
1991 年　　165
1992 年 11 月　　164
19 世帯から喜捨をうけた　　110
「1 ルピーの価値」を記憶　　156
200 ルピーの出演料　　159
20 年間　　156
250 人ほどの客を招待　　89
2 軒　　110
2 時間の演奏　　158
300 ルピーの現金　　89
3 日間　　147
3 曲　　112
3 軒　　110
4 軒　　110
4 つの宗教的段階　　123
4 枚の花びら　　146
50 年後　　92
50 年先も健在　　92
5 日間　　57
5 軒　　110
5 人編成　　157
5 年間　　57
5 倍以上　　156
7 軒　　110

7 夜連続のファンクション　　79
83 回　　159
9 軒　　110

【B】
BDB　　157
BDB と GDB　　157
BDB の提案　　158

【G】
GDB　　157-159

【H】
HD さん　　164
HD さんが 8 年　　164

【K】
K.M. セン　　131
KM さん　　164
KM さんが 19 年　　164

【S】
SCG 師に入門　　163

【T】
T 村の SCG 師を訪問　　161
T 村の在家の弟子　　163

【ア行】
アージニャー・チャクラ　　135, 146, 149
アーシュラム　　9, 18-24, 33, 35, 36, 38-44, 46, 48, 50, 52, 69, 70, 72-76, 79, 87, 88, 122, 161, 162
アーシュラム暮らし　　165
アーシュラムの力仕事　　122
アーロパ　　147, 150

アカシバニ　82
アナーハタ・チャクラ　135
アノンド・バジャル・ポットリカ　81
あふれる川　138
アメリカ各地で共演　153
アメリカ合衆国公演　83
アルタ（実利）　136
暗号のような語句や表現　23, 109
安全ピン　118
案内所や医務室用のテント　119
意思に反した結婚生活　85
イスラムの影響　132
イスラム用語　132
偉大なる結合　147
一所不住の人生　47
五つのチャクラ　150
いつも歌をうたう　109
今のバウル　90, 91
いままでマドゥコリをしたことがあるのかい　112
意味ある解決策　167
意味不明　169
インタビューの方法　3
インディラ・ガンディー首相　162
インド人聴衆　165
インドの所得別世帯構成　154
インドのローカル列車　156
インド人観光客　153
インド人労働者　153
インド文明　106, 167, 172
ヴィシュヴァ・バーラティ大学　5, 8, 51, 54, 55, 59, 60, 80, 83, 84, 151, 153, 171
ヴィシュヴァ・バーラティ大学主催　80
ヴィシュッダ・チャクラ　135
ヴェーダの法　34
飢えよりまし　88, 105
歌姫の息子　85
歌をうたって稼ぐ　153
歌を習うのに積極的　91

内側からみた文化　15
宇宙　133
宇宙で唯一の男性　140
宇宙にみなぎる生命力としての気　134
宇宙の「縮図」　133
宇宙の生成のプロセス　150
宇宙の特質と帰結を備える　150
宇宙を構成する五粗大元素　134
ウパナヤナ　37
ウペンドロナート・バッタチャルジョ　132
「生まれ」（カースト）　33
ヴリンダーヴァン　64, 65, 70
ウルタ・ポト　1
運賃は毎年確実に上がっている　155
運転免許証　57
営業許可証　157
駅の裏側や町のはずれ　107
エクターラ　22, 25, 64, 67, 85
演奏依頼　157, 158, 161
演奏家　165
演奏活動　165
演奏の報酬　90
おいらが16になった日　139
大きな市が立つ　116
大きなテント　117
お金を無駄づかいせず，できるかぎり節約　115
オジョイ川　17, 30, 58
オチン・パキ（ocin pākhī 未知の鳥）　131
「夫」と「妻」　34, 126-128, 170
オドル・マヌシュ（adhar mānuṣ 捉えられぬ人）　131
親殺し　122
親の死の経験　104
音楽愛好者　157
音楽会　90, 151, 152
音楽教師　59
音楽教室　152
音楽チーム　36, 61-63, 83, 157, 158

音楽チームを組織　161, 172
音楽チームを編成　157, 160, 171
音楽的技量　64, 129, 157
女になる　143, 171
「女になる」という概念　148

【カ行】
カースト社会に内在している特質や矛盾に由来　105, 166, 167
カースト制度の維持にはたす彼らの役割　106
カーストそのものを否定　102
カースト　95
カースト制度　1, 3, 95, 96, 105, 106, 131, 167
カーストの義務と富の追求の放棄　101, 136
カーマ（性愛）　136, 137, 140
「カーマ」から「プレーマ」への変化は、「男性」から「女性」への変化　137, 140
「カーマ」は自分を満足させたいという欲望　137
カーリー・プジョ　110, 114
解決できない抑圧　166
外国公演　82, 152, 165
外国人観光客　158
外国人女性　165
外国人バックパッカー　153
外国人留学生　153
外国人旅行者　153
ガイドブック　153
ガエク・バウル　25, 36, 109
学生期　137
拡大家族　110
歌集　29, 30, 51
家住期　137
歌手としてのバウル　109
かずみ・まきさん　164
カセットテープ　91, 152

仮設の舞台　117
楽器演奏　157
学校教育年数　103
学校教育年数 10 年以上　103
金持ちのベンガル人　158
寡婦のシンボル　126
神がみの導師（グル）　115
神と人間　37, 121, 147, 150, 169
神との合一　100, 101, 140, 143, 165, 168, 172
神に恋をして狂気になった人　140
神の子たちのアーシュラム　22
神の「住処（すみか）」　133
神の属性を人間に賦与すること　147, 150
神の名　35, 84, 109
神の名を唱えるだけ　109
神のような存在　121
神は男女両性を含んでいる　144
神も人間も男性と女性の両方の側面　147
神も人間も両性を有する　145
神よりも有能な存在　121, 122
神を実感　143, 169
ガヤー　64
カリム　132
観光客　120, 157, 160
観光客相手の音楽チーム　157
観光現象　160, 161
観光現象の変化　151
観光シーズン　160
観光資源　171
観光地シャンティニケータン　155
ガンジャ（マリファナ）　43, 75
看板を掲げ　158
キールトン　21, 65, 67
キールトンの歌姫　85, 88
危機的状況　104
既婚女性のシンボル　126
喜捨　61, 108, 156

擬制的親族関係　105, 122
奇跡　119
厳しい現実に耐える　105, 167
基本的なリズム　60
客人との記念写真　152
キャプウエル　132
究極の目標　100, 101, 165
究極の理想を追求する人　167
急速な経済成長　155
急速な物価の上昇　155, 156
求道者としてのバウル　109
狂気　1, 56, 118
キョウダイ弟子（グル・バイ）　52, 105, 122
共通した意識　164
共同制作された作品　16
儀礼の記述　129
近親相姦　122
偶像崇拝や寺院礼拝　131
苦行や禁欲　136
具体的な経験　166
グドゥリ　140, 141
グブグビ　22, 27-29, 59-61, 66, 67, 86, 90
クラ・グル　32
グラメール・バウル　64, 84, 129, 130, 141
クリシュナ　140, 147
クリシュナ・ジャトラ　65, 79
クリシュナ・ダシュ・ババジ　79
クリシュナとラーダー　132
クリン・バラモンの生活　85
クリン・バラモンの父　88
グル　122
グル・パープ　122
グル・バール（導師の日）　115
グル・バイ　52, 122
グル・マー　122
グルから弟子へと伝承　129
グル（導師）　4

グルと弟子の関係　122, 124, 129, 130
グルとの関係　121, 169
グルに対する重罪　122
グルの系譜　130
グルの妻　122
グルの妻と性交すること　122
グルの妻をかどわかすこと　122
グルの導きが必要　101
グルは神なり　121
グルを殺すこと　122
グングール　67, 77
群像　16
クンダリニー　134, 145, 146, 149, 150
経験の物語　15
経済改革　154
経済自由化路線　153
経済的困難　89
経済的な困難に直面　89
携帯電話　158
契約による出演料や授業料　152
月経血　143, 145, 147-149
「月経血」の卓越　145
月経中の膣　138
月経血を作り出す能力　144
結婚に対する不安　104
結婚の取り決め　46
決定的な相違　164
ケパ　118
ケパ・ババ（狂人）　87, 118
ゲルア色（黄土色）　69
厳格な祖父にすれば　85
研究方法　2-4
現金　86, 108, 156
現金の場合はその額を記録　112
現実　105
現象世界と輪廻に束縛　138
現代のインド文明　165
現物　86, 108, 156, 160, 172
現物の価値　160, 172
現物の場合にはその重量を記録　112

恋人同士　125
恋人同士の関係　34
広告塔　165
交通事故　57, 58
コウピン・ダリー　142
コール　37, 38
ゴール・ホリ・ダシュ　26, 50
個我は宇宙に合一　150
国内産業の保護　153
ごくふつうのバウル　157, 171
国立大学　151, 171
個々のメンバー　158
「心の人」（モネル・マヌシュ）　40, 131, 132, 144-150, 169
ゴサーイ（師匠）　66
乞食の鉢　33, 87, 98, 142, 168, 170
乞食の鉢の所有者　142
ゴシュパラ・メラ　73
五十一母神座所　47
個人的な関係　144
個人の「スヴァループ」　145, 146
個人の神　144
個人の選択肢が限定されたカースト社会　167
個性記述的調査　15
五粗大元素　77, 124
五粗大元素の存在する場所　134
骨盤の基底部　145
ことば遊びの歌　133
言葉で説明　130, 131
子どもが生まれる心配がありません　163
コニカ・バナルジ女史　83, 84
ゴピー　140
ゴピー・バーヴァ　139, 140, 143, 149, 171
コモック　22
ゴル・ジャマイ　73, 74
コルカタ　152, 155
コルタール　46

コンクリート・パイプ　57

【サ行】
サードゥー　17, 47, 48, 92, 106, 108, 117, 118, 165
サードゥー・ババ　18, 48, 71, 72
サードナ　5, 23-25, 29, 35, 39, 41, 42, 50, 77, 78, 91, 92, 98, 100, 105, 109, 133, 143, 144, 147-150, 161, 163, 168, 169
サードナの実践　40, 101, 168
「サードナ」を学んだ　163
最下部のチャクラ　136, 150
在家の信者　98, 161, 172
在家の弟子　98, 99, 161, 163, 172
最上部のチャクラ　136
菜食と禁酒の日　115
最善の時　147
祭典　151
作詞　30
サディカ　41, 42, 124, 125, 170
サドク　40, 42, 124, 125
サドク・バウル　25, 91, 92, 109
サドク（男性修習者）」と「サディカ（女性修習者）　125-128, 170
サドクの段階　40, 41, 124, 127, 169, 170
サハスラーラ・チャクラ　135
サマジ・バリ（共同体施設）　74
サンダー・バーシャ　23, 109
爺ちゃんが死んだ日　138
寺院やアーシュラム　119
寺院やアーシュラムのセバイタ（奉仕者）　119
シヴァとシャクティ　132
直筆の原稿　152
子宮の血液を活性化　126
次元のちがう概念　100
「自己実現」（セルフ・リアリゼーション）の手段　144
「自己」の「真の自己」への同化の過程　149

持参金　57
四住期　137, 164
「四住期」（アーシュラマ）という観念　164
「四住期の制度」の現代的な表現　168
詩人タゴール　67, 95, 120, 131, 152, 158
詩人バウル　27
シッカ　51, 98, 123, 126, 163, 168
シッカ・グル　20, 23, 25, 40, 68, 87, 88, 98, 123, 139, 168, 169
シッカ・マントラ　40, 88, 124
師弟関係　21, 75, 105, 121-124, 129, 130, 169
私的な音楽会　151
師に対する弟子の義務　76, 122
シブ・ダシュ　59, 60
自分の音楽チーム　61
社会主義経済　153
社会全体の維持　104
社会的・文化的な緊張と均衡　106
「射精」ができない　143, 171
「射精」をしない　138, 143, 171
ジャヤデーヴァ　17, 118, 119
シャンティ・バブ　80-82, 84
シャンティニケータン　8, 9, 51, 54, 61, 80, 82, 83, 107, 109, 120, 151, 152, 154, 155, 157, 158, 160, 161
周縁的人間の存在　106
周縁部　106
祝儀　63, 158
周期的な農業暦　116
週休2日のペース　160
宗教儀礼　100, 133
宗教儀礼の実践　168
宗教儀礼の秘密性　130
宗教的求道者　106, 151
宗教的段階　169
宗教的知識　64, 129
宗教的トレーナー　139
宗教的トレーニング（シッカ）　91, 92, 98, 100, 101, 123, 124, 127, 168, 169
宗教的な「乞食」　68
宗教的利益　117
宗教名　102
宗教や儀礼にもとづいた歌　133
祝儀を期待　119
羞恥心や嫌悪感や恐怖心は禁物　124
宗派　1, 98
宗派という視点　99
宗派とその構成員　97
宗派の基準　97
宗派の中心的部分　98
住民の出入り　108
重要な観光資源　152
シュール（sur 節，メロディー）　76
10ルピー・バウル　51, 52, 63, 109, 120, 157-160
ジュガル・サードナ　139, 143, 171
シュコノ・ポト　136
出演料　62, 158
出家願望　164
出産可能　126
出身カースト　102
出身経済階層　103
ジュラン・ジャトラ　70
シュリニケータン　151
準備の段階　40, 41, 124, 127, 169
巡礼のシステム　116, 119
ジョイデブ・メラ　17, 24, 38, 39, 87, 118, 119
上位のチャクラに同化　150
小宇宙　133
成就の段階　40, 124, 169
焼ちゅうのバングラ　59
常設の舞台　83
肖像　16
象徴的に「月経血」を流す　143, 149, 171
商人から出店料をあつめ　119

少年音楽隊　65
上流階級の邸宅　151
ジョージ・ハリスン　153
諸外国からの投資の自由化　153
女性修習者の「真の自己」　146, 147
「女性性」のシンボル　146, 149, 171
女性としての人間の肉体　143
女性の月経期間　147
ショナトン・ダシュ・バウル　24
ショナムキ・モホトショブ　74, 75, 117
ショナル・マヌシュ（sonār mānuṣ 黄金の人）　131
ショブド・ガン　81, 91, 109, 132, 133
ショホジの人　146
ショホジヤー派　4, 79, 147
ショリル・バブ　81, 82
白い布地の衣装　34, 42, 126
シンガラ　72
新興富裕層　155
人口抑制政策　162
深刻な国際収支危機　153
神聖なる愛の戯れ（リーラー）　147-150
神像やサードゥー　117
シンドゥール　34, 125
シンドゥール・ダン　126
真の意味　24, 25
真の自己　144, 145
「真の自己」の男性的側面「プルシャ・スヴァループ」　146
新富裕層の別荘　171
人類の無形文化遺産の代表リスト　172
新郎が新婦の髪の分け目に朱色の粉で印をつける場面　125
スヴァダルマ（本分）　43, 49, 92, 168
スヴァディシュターナ・チャクラ　134
スヴァループ（真の自己）　145, 148, 150
スヴァループ・サードナ　150
スーフィズム　4, 5

スーフィズム（イスラム神秘主義）の伝統　132
スシュムナー　134, 136
すべてが存在論的見地から理解されたとき　150
すべての人がほかの人から恩恵を受けている　119
スリバス・チャンド・ゴスワミ師　98, 99, 127, 161
精液　137, 138, 143-146, 148
「精液」と「月経血」　147
「精液」と「月経血」の結合の結果　138
「精液」に象徴され　147
「精液」の卓越　144
精液の保有　137, 139, 143
精液を作り出す能力　144
生活環境は悪化　88
生活の基盤　160, 172
生活費を節約する日　115
精管結紮　162
「聖者」や「行者」　92
成就の段階　40
生存戦略　105
聖地巡礼の旅　65
聖地の寺院に祀られた神像　116, 117, 167
聖紐（せいちゅう）　37
性的エネルギーの制御　39, 77, 136, 137, 139, 143, 171
性的儀礼　124, 132
生と死と，再生の鎖　78
「生の中の死」（ジャーンテ・マーラー）　149, 150
生命の誕生　138, 147
生理用ナプキン　143, 149, 171
世俗の人びと　92, 167
世俗のヒンドゥー教徒の視点　115
世代間の反目　104
絶対的貧困層　156
施与することによって支援　92

全員がバウルの衣装を着用　157
洗濯女ラミー　41, 121, 122
早朝の普通列車　157
その社会の世捨て人の養子や養女　104
その地の宗教的祭典と関係　116
その日に母が妊娠した　139
その日のうちに同居　170
空　135
それにいたる「世捨ての道」　165
ソロの歌手　67
存在論的見地　150

【タ行】
大学構内の邸宅　152
大学卒　103
大成功をおさめた　153
大都市の富裕層　155
態度の根拠　167
耐えがたい現実から自由になるか　105, 167
耐えがたいこと　85
高い経済成長　153, 154
タゴール　8, 51, 54, 95, 151
タゴールのシャンティニケータン　152, 171
タゴールの生誕百年祭　152
多数の「安全ピン」を持参　116
脱却できない貧困　167
たった今, 彼はパゴル（狂気）　118
タブラー　158
タブラー（太鼓）奏者　157, 161
タマル・トラ・アーシュラム　22
ダルシャナ現象　116, 167, 168
ダルシャナを与える　117, 165, 167
ダルシャナを得る　117, 165, 167
ダルマ（社会規範）　33, 34, 84, 136
だれでもバウルになれる　165, 172
男性カースト出身　102
男性原理のシンボル　143, 146, 149, 171
男性修習者　125

男性修習者の「真の自己」　147
男性生殖器を支えること　141
男性としての人間の肉体　143
男性の弟子　98, 168
男性の「バウル」　148, 171
単独行動　157
タントリズム　4, 79, 132, 134
タントリズムのもつ象徴性　132
力（シャクティ）　136
地上に墜落　58
地代や家賃　108
父親と死別したバウル　104
父と息子の関係　122, 130
父はとんでもない「放蕩者」　85
父パンチャナン・ムカルジ　85
「地」「水」「火」「風」「空」が存在　134
チャクラ　134, 136, 150
チャクラの形態や色彩, 位置　134
注釈つきの歌集　95
中所得層以上の占める割合が拡大　154
中心と周縁　106-108
中途退学者　103
チョイトンノ　1, 4, 11, 21, 32, 64
チョイトンノの伝記　80, 118
聴衆のリクエスト　161
ちょうどその日に母ちゃんが生まれた　139
チョンディダシュ　41, 121, 122
チョンディダシュと洗濯女ラミーの物語　41, 80, 121, 125
通過儀礼　42, 43, 87, 99, 100, 105, 123, 142
月に三日のプジョ　147
つぎはぎジャケット　140, 141
定期市, 博覧会　116
低所得層　154, 156
ディッカ　20, 39, 43, 46, 51, 68, 87, 98-100, 105, 123, 126, 127, 142, 168
ディッカ・グル　98, 123, 168

ディッカ・マントラ　40, 87, 88, 98, 123, 168
ディッカとベック　99
定点観測法　8, 9
ディナボンドゥ・ダシュ　24, 80
テープレコーダー　91
適応戦略　105
鉄道駅の周辺地区　107
鉄道沿線の村々　86
デホ・トット　133
デリー　155
転換点　162
電灯を仮設　119
同一視する　149
ドゥギー　67, 85
同居してもよいという花婿　69
同行するのをやめた　112
導師　165
導師（グル）に対する礼拝　132
頭頂部　135
ドゥルガー・プジョ　114
トゥルシー　41
どこで稼いだ　112
ドターラ　66-68, 71, 72
土地所有権や相続権　104
トット・ガン　81, 91, 109, 133
どのようにして稼いだ　112
ドム・カースト　42
トランセクト法　8, 9
ドリ・コウピン　33, 42, 78, 87, 127, 141-143, 149, 168, 170, 171
ドリ・コウピンが必要　143
ドリ・コウピンの着用者　142
鳥カースト出身　102
トリバンガ・ケパ　24, 80, 87, 91
どれだけ稼いだ　112

【ナ行】
ナーム・キールトン　37
ナイカー　34, 42, 125

内部者の視点　15
中庭に招き入れられ　110
なぞ解きをするようなおもしろさ　24, 109, 169
ナディア県　162
何を稼いだ　112
並のバウル　130
ナヤカ　34, 42, 125
「ナヤカ」と「ナイカー」　170
難民村　55, 107
肉体に宿る神と合一　133
肉体を駆使してサードナを実践　133
ニタイ・ケパ　24, 74-77, 80, 81, 84, 91
ニタイ・ケパの音楽　77
ニタイ・ケパのパートナー　76
ニッティヤナンダ・ダシュ・バウル　36, 126, 161
乳・幼児期　104
ニラミス（野菜だけの食事）　115
人間カースト出身　102
人間関係　121
人間としてのバウル　95
「人間の愛」は存在論的な重要性を獲得　150
人間の男と女の目に見える姿　145
人間の器官や分泌物　124
人間の宗教（マヌシェル・ドルモ）　130
人間の男女の本質　132
人間の肉体　131, 133, 134
人間の肉体に住む神　145
人間の肉体の深い次元に潜む霊的本質　131, 148, 150
人間の肉体は，真理の容器　77, 131, 133, 168, 169
人間の肉体を小宇宙　168
人間のパーソナリティーである「自己」　144
人間を神と同等に置く　150
ネックレスとビャクダンの練り粉の交換式　125, 170

年々物価は上昇　92
農閑期　116
農産物の展示会　151
ノボディップ　32, 64
ノボニ・ケパ　24, 80, 91

【ハ行】
バース・コントロールの手段　163
バーロク・バジャン　21
バーンシー奏者　161, 157, 158
バーンシー（竹の横笛）　157
パイタ　37
パイプカット　162, 163
ハウラー　72
バウリ・カースト　27
バウリニ　5, 24, 34, 108, 148, 164, 172
バウル　34, 90, 98, 157
バウル・グループの一員　82
バウルではない在家の弟子　161, 162
バウルと「心の人」との関係　144
バウルとフォキルの歌　151
バウルにとっての神　131
バウルになった動機　102, 166
バウルの衣装　140, 161
バウルの歌　23-25, 78, 79, 91, 95, 101, 124, 165, 169
バウルの歌と音楽　90, 119, 151, 152, 165, 172
バウルの歌と音楽の伝承者　99
バウルの歌と音楽のファン　165
バウルの歌と宗教　169
バウルの歌の大曲　78, 79
バウルの歌の経済的価値　82
バウルの歌の豊潤さを紹介　95
バウルの歌や音楽の商業的価値　152
バウルの歌や音楽の魅力　152
バウルのグル　99
バウルの現実　99
バウルの公演　165

バウルの宗教　4, 5, 23, 101, 132, 165, 169
バウルの宗教儀礼　23, 24, 26, 39, 51, 64, 91, 124, 129, 130
バウルの宗教的義務　90
バウルの宗教の伝承者　99
バウルの将来　92
バウルの姓　102
バウルのダンス　77
バウルの伝統　90
バウルの道　23, 25, 29, 33, 35, 39, 40, 43, 60, 61, 63, 85, 97, 99-106, 123, 138, 140, 142, 143, 161, 165-167, 169, 172
バウルの道の追求者　100
バウルのループ＝スヴァループ理論　145
バウル派　98, 99, 101, 123, 142, 161
バウル（bāul）という語　1, 2, 99, 140
バウル派の構成員　97, 99, 100
バウル派への入門式　123
バウルもどき　157
バウルや乞食　156
バクティ　50
バグディ・カースト　21
バクレッシュワル　45
パゴル　118
パサパサした道　136
パッチワークの上着　141
バティヤリ・ガン（船頭の歌）　65, 67
バニヤン樹　22
母親と死別したバウル　104
母の兄弟の息子（ママト・バイ）　54
母のような存在　122
パリ公演　83
ハリジャン・アーシュラム　21-23, 25, 33
ハルモニウム（箱形の手押しオルガン）　157
ハルモニウム奏者　62, 157, 158, 161
ハレの日にはマドゥコリをしない　116

パワーの損失　139
バンタ（bhānta）　133
パンチャナン・バウル　85
火　135
ビートルズ　153
非ヴェーダ的特色　132
東ベンガル　65, 66
悲観的な見方　92
秘儀　129
日ごとのマドゥコリの行動を記録　112
微細身　134
ビシャカ・ボイシュナビ　69, 72-75
ビジョイ・クリシュナ・ゴスワミ師　19, 20, 33
非常事態宣言　162
ビスケット　110
非正統的な宗教との類似性　132
額　138, 145
額から一滴　138
額の2枚の花びら　146
額の朱色の印（シンドゥール）　127
額の中央　135
ビッカパトラ　33
一抱えもの端切れが必要　141
ひと握りの米　87
人を現象世界と輪廻に束縛する力　139
日々のマドゥコリの行動　116
秘密主義的側面　4
秘密の教義　132
平等に分配　158
漂泊の旅へのあこがれ　164
ビルバモンゴルと遊女チンタモニの物語　80
昼間の急行列車　157
昼も夜も途切れることなしにつづく　119
貧困生活　105
貧困層　103
貧困層を直撃　156
「貧困」というイメージ　154

ヒンドゥー教徒　126
ヒンドゥー教徒の結婚式のクライマックス　125
ファンクション　35, 60, 63, 78, 79
フィールドワーク　5, 8, 52, 97, 107, 110, 113, 139, 143, 151
風狂　1, 2
夫婦関係　34
夫婦関係の清算　34, 125, 128, 170
プールノ・チャンドラ・ダシュ　24, 83, 153
フォキル　106
部外者に対しては秘密　130
部外者にとっては難解　109, 169
不可触民の女性　42, 125
不吉な日　115
プジョをけっして行わない　114
ふたつの原理　133
ふたりのグルに弟子入り　129
ふたりの日本人女性　164, 172
物価の上昇　155
物価の上昇に影響されない　160
不特定多数の正体不明の乗客　108
部内者には「なぞ解き」をするような面白さ　109, 169
不妊手術　162
父母のこと　85
父母の別居による家庭崩壊　104
不本意な小銭　108
富裕層の別荘　154
プラーナ　134
プラクリティ　144
プラクリティ・スヴァループ　147-149
ブラジャバシ　68
ブラフマンタ（brahmānta）　133
ブリ　56, 57, 59
プリー　64
振り子行者　17, 27, 29-31, 33, 34, 39, 50, 129, 130
プリペイド・タクシー　155

ブリホシュポティ・バール　115
ブルシャ　144
ブルシャ・スヴァループ　147-149
プレーマ　137
「プレーマ」はクリシュナを満足させたい
　という欲望　137
プログラム　158-160
プロナーム　19
プロの音楽家　151, 152, 157
プロの歌手　67, 92
プロのグル　161, 172
ブロフモチョルジョ　39, 136, 137, 139,
　143, 149, 171
文化的に是認された「世捨て」　105,
　167
分譲邸宅　154
ふんどし　98, 141, 168, 170
文明の装置　106, 167
米1キロの値段　156
平和の郷　152
ベク・ダリー　142
ベック　20, 29, 33, 34, 42, 43, 87,
　98-100, 105, 123, 125, 127, 128, 142, 168,
　170, 171
ベック・グル　98, 123, 168
別荘とリゾートホテルの建設ラッシュ
　154, 155, 157, 158
別の視点からの解釈　115, 162
ベンガル語のカタカナ表記とローマ字転写
　9-11
ベンガル社会の変化　88, 90
ベンガルには，12ヵ月に13回のプジョが
　ある　113, 114
ベンガルのヴィシュヌ派　137
ベンガルの地に住みついた　165
ベンガル人の家の門口　153
ベンガル文化祭　80
ベンガル民俗文化の不可欠の部分　151
返礼　117, 167
ボイシュノブ　37, 68

ボイラギ　92, 106, 108, 142
方向づけのないインタビュー　3, 4
方向づけられたインタビュー　3
ポウシュ・メラ　80, 91, 151
ポウシュ月の最終日　119
ポウシュ月の祭典　151, 152, 171
法則定立的調査　15
母神座所　45
ボブ・ディラン　153
ホリ・ダシさん　164
ボルプール　51, 107
ボルプール＝シャンティニケータン地域
　107, 157
ボルプール駅　86
本物のバウル　130

【マ行】
マーグ・メラ　151
マーグ月の祭典　151, 152, 171
マーヤー　139
マーラー・チョンドン　41, 125
マイクやスピーカー付き　117, 119
毎週木曜日　114
マカル祭　31
孫バウル　129, 130, 149
まさにあるべきこと　168
まさになすべきこと　168
まず教育費を削減　103
マタジ　76
マドゥコリ　2-4, 18, 19, 23, 28, 29, 33,
　35, 36, 38, 44, 46-50, 54, 59-61, 63, 68,
　69, 73, 75, 76, 84-92, 97-100, 102, 105,
　107-112, 120, 122, 136, 141, 142, 153,
　157, 159-161, 171
マドゥコリの暮らし　107
マドゥコリの邪魔をしている　112
マドゥコリの生活　86, 88-90, 97, 105,
　140, 142, 161, 164, 167
マドゥコリの生活のシンボル　141
マドゥコリの生活を採用　101

マドゥコリの場と方法　107
マドゥコリを中止　110
マトゥラー　65
マニプーラ・チャクラ　135
慢性的な貧困　104
マントラ　20
見覚えのある端切れ　141
みずみずしい道　136
民間経営のホテルや土産物店　152
民俗音楽家　151
民族誌的文献　95
ムーラーダーラ・チャクラ　134, 145, 146, 149
昔のバウル　90
昔のバウル・グル　91
ムシロ　110
無尽蔵のパワー（シャクティ）の持ち主　139
ムチ・カースト　33
無知の段階　40, 124, 127, 169
無賃乗車を黙認されている　157
村中の家　111
村でのマドゥコリ　108, 156, 157
ムラのバウル　64
村びとの邪魔をしたくない　114
ムリ　110
無料宿泊施設　119
ムルシダバード県　162
ムンバイ　155
名刺をつくる　158
女神のバスリ　121
目に見えない「真の自己」　145
メラ委員会　119
メラの時期だけにぎわうジョイデブ・ケンドゥーリ村　119
メラ（melā）　116
メラや祭りに参加　160
免許皆伝の通過儀礼　143, 171
もうひとつのライフスタイル　102, 105, 106, 166, 167

盲目のバウル　66
モークシャ（解脱）　138
木曜日　115
木曜日の食事　115
元バウル　60
元バラモン　36
モネル・マヌシュ（心の人）　40, 131
物乞い　104
モノシャ女神　21
モノホル・ケパ　77-79, 87
モハー・ジョグ　147
モホトショブ　37, 87, 89, 90, 117

【ヤ行】
約2モンの米　89
約500万人のサードゥー　164
約束の証拠金　62
宿なしバウル　45, 48-50
やむにやまれぬ事情　89
唯一の「媒介物」　133
由緒ある家柄の「クリン・バラモン」　85
床を清掃する少年　156
遊行期　137
豊かな生活の実現　92
豊かな性生活の実現　163
容器　133
ヨーガ　4, 5, 20, 22, 29, 39, 41, 77, 101
ヨーガの坐法や呼吸法　124, 136, 150
ヨーガの実践　132
ヨーガの修行　77, 139
ヨーガの修行をする男性　141
ヨギー　92, 106
余剰物資　141
世捨てとは別個に存在し，持続できたか　95
世捨ての制度　96, 106, 167
世捨ての道（サンニャーシ・ポト）　106, 167, 172
世捨て人　95, 98, 167

世捨て人の存在　104
世捨て人の土地　34
世捨て人の範ちゅう　108
世捨て人の身分への通過儀礼　98, 123, 127, 170
世捨て人の役割　95
世捨て人のライフスタイル　102
世捨て人を尊敬　92
予備調査の結果　3
より神に近づいた人　118
より気狂いじみたしぐさのボイシュノブ　118

【ラ行】
ラーショ・ジャトラ　64
ラーダー　147
ラーダー・ゴーヴィンダ　44
ラーマ・バジャン　71
ラーマヨン・ガン　67
ライオット　65, 66
来年のカレンダー　113
ライフスタイル　2, 3, 48, 97, 102, 140, 166
ライフヒストリー　3-5, 13, 15, 16, 100, 103, 104, 106, 129
ライフヒストリーの語り手　129
ライフヒストリーの重ね合わせ　15
ラヴィ・シャンカルに弟子入り　153
ラジオ・テレビ　151
ラジオ出演　82
ラムプルハート　36
ララ・バブ　54-57, 59
卵管結紮　162
リーラー・キールトン　37, 79
リーラー（神の遊戯）　37, 68, 148
リクシャー（自転車型の人力車）の車夫　59
理想的な宗教的態度　140
理想を本当に実現しようとする人の数　164

リゾートホテル　157, 171
リゾートホテルのマネージャー　158
流通する紙幣や硬貨が高額　156
両親としての責任　127
両親ともに死別したバウル　104
「両性具有」の生物　145
臨時収入　90
林棲期　137
輪廻　78
輪廻から解放されること　138
ルー　120
ループ（自己）（目に見える姿）　145, 148, 150
ループ＝スヴァループ・サードナ　148-150
ルチ　72
レコード　152
列車で稼ぐ　120, 156, 159
列車内の安全性　108
列車のなか　86, 108, 153, 156
列車の無賃乗車　156
録音を依頼　152
ロシク・ポト　136
ロショゴッラ　89
ロッキ・バール（ラクシュミー女神の日）　115
ロッキ・プジョ　114
ロンドン公演　83

【ワ行】
ワールド・ミュージック　165
割に合わない仕事　159

村瀬　智（むらせ　さとる）
1944 年　兵庫県芦屋市生まれ
1967 年　甲南大学経済学部卒業
1969 年　甲南大学文学部卒業
1991 年　イリノイ大学大学院人類学研究科博士課程修了，Ph.D. 取得
1992 年　大谷女子短期大学国際文化学科専任講師，助教授を経て教授
2001 年　大手前大学人文科学部教授
2015 年　大手前大学定年退職
現　在　大手前大学非常勤講師

風狂のうたびと
──バウルの文化人類学的研究

2017 年 3 月 20 日　第 1 版第 1 刷発行

　　　　　著　　　者　村瀬　智
　　　　　発 行 者　橋本敏明
　　　　　発 行 所　東海大学出版部
　　　　　〒 259-1292 神奈川県平塚市北金目 4-1-1
　　　　　TEL 0463-58-7811　振替 00100-5-46614
　　　　　URL・http://www.press.tokai.ac.jp
　　　　　印 刷 所　港北出版印刷株式会社
　　　　　製 本 所　誠製本株式会社

Ⓒ Satoru Murase, 2017　　　　ISBN978-4-486-02122-3
Ⓡ〈日本複製権センター委託出版物〉
本書の全部または一部を無断に複写複製（コピー）することは，著
作権法上の例外を除き，禁じられています．本書から複写複製する
場合は，日本複製権センターへご連絡の上，許諾を受けてください．
日本複製権センター（電話 03-3401-2382）